사람을 사로잡는 칭찬 핸드북

HOME KOTOBA HANDBOOK
Copyright ⓒ 2007 by Masato HOMMA and Kyoko YUKAWA
First published in 2007 in Japan by PHP Institute, Inc.
Korean translation rights arranged with PHP Institute, Inc.
through Japan Foreign-Rights Centre/ EntersKorea Co., Ltd.

이 책의 한국어판 저작권은 (주)엔터스코리아를 통한
일본의 PHP Institute, Inc.와의 독점계약으로 도서출판 나라원이 소유합니다.
신저작권법에 의하여 한국 내에서 보호를 받는 저작물이므로
무단전재와 무단복제를 금합니다.

사람을 사로잡는
칭찬 핸드북

혼마 마사토 외 지음 | 김문정 옮김

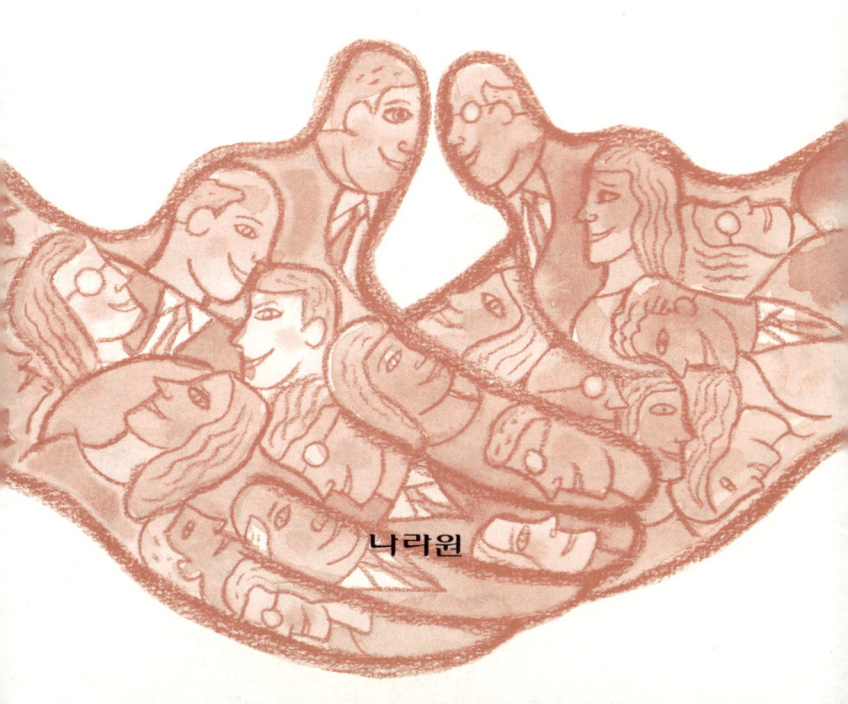

나라원

Prologue

90%의 사람은 칭찬을 들으며 성장한다

세상에 태어나서 지금까지 단 한마디의 칭찬도 들어보지 못했다는 사람은 아마 없을 것입니다. 빈도수의 차이일 뿐 누구나 칭찬을 하고, 칭찬을 받고 성장합니다.

최근 두뇌 과학을 연구하는 사람들에 의하면 칭찬을 들었을 때 분비되는 물질이 두뇌 활동을 활발하게 움직이게 한다고 합니다. 이 두뇌 활동은 인간관계의 개선뿐만이 아니라 직장 내 업무 활동 등에도 막대한 영향력을 끼쳐, 자신의 기존 성과를 백퍼센트 이상 뛰어넘을 수 있게 도와줍니다.

그러나 이렇듯 칭찬이 주는 긍정적인 효과가 입증되었음에도, 또한 많은 책들이 칭찬의 중요성과 방법을 역설하고 있음에도 사람들은 여전히 칭찬에 인색합니다. '칭찬해야지' 하면서도 뒤돌아서면 잊어버리거나, 막상 해보려 하니 적당한 표현을 몰라서 '칭찬'을 하지 못하게 됩니다.

그래서 저는 '칭찬이 서투른 사람들'의 고민, 즉 칭찬 어휘의 부족함을 해결하면서 누구나 '칭찬의 달인'으로 발전시킬

수 있는 책을 쓰기로 마음 먹었습니다. 그러던 중에 저에게 어떤 행운이 찾아왔는지, 생명보험회사에서 뛰어난 실적을 올리며 기업체 직원 교육에도 발군의 실력을 발휘하고 있는 유카와 교코 씨를 만나게 되었습니다. 유카와 씨와 대화를 나누던 중에 놀랍게도 우리가 서로 같은 생각을 갖고 있다는 사실을 알게 되었고, 그렇게 해서 우리는 이 책을 공동으로 집필하게 되었습니다.

유카와 씨는 지난 십 년간 기업체 직원 교육 강사로 활약하면서 매년 약 만여 명의 직장인들을 대상으로 강연을 쉴 새 없이 펼쳐왔습니다. 유카와 씨는 바로 이 강연에 참여한 사람들을 중심으로 '칭찬'을 심도 있게 연구했습니다. 그중 한 가지 방법은 강연 참석자들을 대상으로 자신이 듣고 싶은 '칭찬 리스트'를 작성하게 하는 것이었습니다. 그러나 아직까지 칭찬 리스트를 막힘없이 써내려간 사람은 없었습니다. 칭찬의 표현들을 적게는 두세 개에서 많게는 열다섯 가지 전후로 적

어내는 사람이 대부분이라고 합니다.

  이 칭찬 리스트를 통해 유카와 씨가 첫 번째로 깨달은 사실은 사람들이 칭찬을 너무 어렵게 생각하거나 특별한 표현들을 쓰려고 한다는 것이었습니다. 게다가 칭찬 리스트를 가만히 살펴보니 '아, 이런 말도 사람을 기쁘게 하는구나', '그래, 이런 말은 사람을 불쾌하게 만드는 칭찬이야' 하는 것들을 알게 되었고, 칭찬에 대한 선호도가 사람마다 다르다는 것을 알아냈습니다. 유카와 씨의 이러한 연구와 노력들이 있었기에 이 책이 기존의 칭찬 개념을 완전히 뒤엎은 칭찬의 새 패러다임을 열었다고 자부하는 이유입니다.

  이 책에는 600가지 이상의 칭찬 표현이 실려 있습니다. 이 칭찬 표현들은 상대와 상황에 따라 변화하여 적용시킬 수 있도록 구성되어 있을 뿐만 아니라, 기존의 '칭찬'이라고 알고 있던 모든 개념을 뛰어 넘습니다. 즉, 들어서 기분 좋은 말은 무조건 칭찬이 됩니다.

  칭찬은 단순히 "멋있다", "최고야", "똑똑해"와 같은 표현만을 가리키는 것이 아닙니다. 자신을 발전시키는 원동력이 되는 질책, 격려, 응원, 가능성, 고마움 등이 담긴 모든 말들이 칭찬이 됩니다.

  예를 들어 "지금은 네가 이 일에 서툴지만, 이제 곧 잘하게 될 거야"라는 말은 질책·격려와 응원·가능성의 메시지를 담고 있습니다. 이 말을 들은 사람은 '그래, 난 이것밖에 못해. 난 안 돼'라고 생각하지 않을 것입니다. 분명 자신은 이 일을 반드시 해내리라는 믿음으로 지금보다 더 의욕적으로 일에 도전할 것입니다. 이렇듯 칭찬의 달인이 말하는 최고의 칭찬은 바로, 질책도 칭찬처럼 들리게 하는 것입니다.

  그 밖에 우리가 일상적으로 사용하는 "고마워요", "안녕하세요?"도 칭찬입니다. 여기에는 '내가 당신을 인정하고 신뢰하고 있어요'라는 칭찬의 뜻이 담겨 있기 때문입니다.

  이 책을 효과적으로 활용하려면 본문을 통해 상대와 상황

에 따른 칭찬의 기술을 습득해 나가시면 됩니다. 그리고 부록에 실린 '칭찬 리스트'를 하루 5분간 10문장씩 자기 자신을 향해 진심을 담아 말해보는 것입니다. 이 칭찬의 효과는 얼마 지나지 않아 자신에게 나타납니다. 칭찬의 표현을 매일 연습함으로써 스스로 자신감이 생기고, 잃었던 의욕도 되살아납니다. 또한 의식하지 못하는 사이에 칭찬이 습관화되어, 상대방을 스스럼없이 칭찬할 수 있게 될 뿐만 아니라, 자신의 진심을 상대방에게 유쾌하게 전하는 '칭찬의 달인'이 될 수 있습니다.

그러나 칭찬의 효과는 여기서 그치지 않습니다. 하품이 전염되는 것처럼 칭찬 역시 주변 사람들에게 자연스럽게 전염됩니다. 전염된 칭찬은 가깝게는 친구와 연인, 가족은 물론이고 직장에까지 번져 서로 칭찬하는 분위기가 만들어집니다.

이 책은 저의 칭찬 개념과 칭찬 표현들에, 유카와 씨가 영업의 최전선에서 쌓아온 '인간관계 노하우'와 강연을 통해

얻은 막강한 '칭찬 리스트'가 더해져, 더욱 내실 있는 책으로 완성되었습니다.

   칭찬이 어렵고 어색하다고 느끼시는 분들이 이 책을 본다면, 반드시 칭찬하기가 예전과 비교할 수 없을 만큼 쉽고 자연스러워질 것입니다.

지은이 혼마 마사토

Contents

Prologue 90%의 사람은 칭찬을 들으며 성장한다 · 008

 칭찬이 서투른 사람들에게
- 칭찬은 독(毒)이다?! · 018
- 칭찬하지 못하는 7가지 이유 · 021
- 칭찬의 달인이 되면 좋은 6가지 이유 · 031

 칭찬화술의 기본 원칙
- 칭찬의 달인이 가진 4가지 공통점 · 040
- 올바른 칭찬의 6가지 원칙 · 043
- 칭찬의 달인이 되기 위한 4가지 마음가짐 · 049

3장 **상대에 따른 칭찬의 기술**

01 실적이 저조한 부하직원에게 · 056
02 실적이 가장 뛰어난 사람에게 · 063
03 나이가 많은 부하직원에게 · 073
04 나이 어린 상사에게 · 081
05 신입사원에게 · 084
06 비정규 직원에게 · 092
07 성공한 경영자나 사업가에게 · 098
08 장인정신이 강한 전문가에게 · 104
09 분위기메이커인 사람에게 · 109
10 가족과 친구에게 · 113

4장 행동에 대한 칭찬화술

01 열심히 일하고 있을 때 · 120
02 성실함을 높이 평가하고 싶을 때 · 124
03 우수한 부분을 더욱 발전시키고 싶을 때 · 127
04 성과를 올렸을 때 · 132
05 말 한마디로 제대로 효과를 보고 싶을 때 · 136
06 의욕을 불러일으키고 싶을 때 · 140

5장 외모와 인상에 대한 칭찬화술

01 젊은 여성에게 · 148
02 나이가 많은 여성에게 · 152
03 강인한 인상을 주는 남성에게 · 156
04 겉모습에 별 특징이 없는 사람에게 · 158
05 미적 감각이 좋은 사람에게 · 160

6장 능력과 인간성에 대한 칭찬화술

01 능력을 구체적으로 칭찬하기 · 166
02 우수한 능력을 자연스럽게 칭찬하기 · 170
03 독특한 표현으로 칭찬하기 · 174
04 칭찬을 쑥스러워하는 사람에게 · 178
05 리더십이 강한 사람에게 · 181
06 인간관계가 좋은 사람에게 · 184
07 기대를 걸고 있는 사람에게 · 188
08 감사의 마음을 전하고 싶은 사람에게 · 191

Epilogue 칭찬은 인생의 윤활유와 같다 · 194
List 내가 듣고 싶은 칭찬 리스트 · 198
부록 즉시 활용할 수 있는 칭찬 리스트 · 201

"제게 이런 능력이 있었는지 몰랐어요.
감사합니다."

"자네가 남아서 일해준 덕분에
정말 도움이 많이 되었어."

"당신을 만난 후로
좋은 일만 생기는 것 같아요."

1장
칭찬이 서투른 사람들에게

"고마워!
자네는 정말 모르는 게 없군!"

"언제 이런 것까지 배웠어?
대단하네."

"역시 제일이야!"

"자네라면
더 높은 곳을 바라볼 수 있어!"

칭찬은 독(毒)이다?!

칭찬에 대한 오해

최근 몇 년간 여러 기업체의 직원 교육과 인재 육성 세미나에서 자주 거론되는 말이 있다.

"무섭기만 한 상사는 젊은 직원을 통솔할 수 없다. 칭찬만이 부하직원을 잘 다루는 길이다."

곧 이 말은, 상사라고 해서 무조건 엄격한 태도로만 부하직원을 다루어서는 안 된다는 점을 시사하고 있다. 이 사실을 간과한 채 상사들의 오랜 습성에 따라 그들을 강하게 질책하며 감정적으로 자극한다면, 젊은 사람들은 그 즉시 직장을 그만두고 말 것이다. 따라서 요즘 현명한 리더들은 자신의 마음을 잘 다스리면서 부하직원을 효과적으로 칭찬하는 법을 알고 상대와 상황에 맞춰 칭찬할 줄 안다.

그런 반면에 아직도 여전히 자기 고집대로 융통성 없이 부하직원을 다루는 상사가 있다. 그들은 부하직원을 칭찬하면 조직에 부정적인 영향을 끼친다고 생각하면서 이렇게 말한다.

"부하직원은 칭찬할수록 말을 듣지 않아요. 칭찬을 하면 오히려 반성을 하지 않는 데다가 오히려 의기양양해져 자기주장만 하죠."

그러나 이것은 칭찬의 방법과 효과를 제대로 알지 못하고 하는 말이다. 칭찬을 가식적이고 마음에도 없는 말들로 내뱉게 되면, 자기 스스로 칭찬의 부정적인 면만을 인식하게 되어 이러한 오해를 하게 된다. 제대로 된 칭찬은 칭찬하는 나뿐만 아니라 칭찬을 듣는 상대방까지 함께 발전시킨다는 것은 이제 더 이상 부정할 수 없는 진리가 되었다.

칭찬보다 비판이 더 낫다고 생각한다

한편 최근 젊은이들 중에는 칭찬보다는 비판적인 충고가 더 낫다고 말하는 사람도 있다. 이런 생각을 가지고 있는 사람에게는 오히려 칭찬이 역효과를 일으킬 수도 있다.

또 험악한 얼굴로 부하직원에게 소리를 지르거나, 신경질적으로 채근하는 것이 더 속 편하다고 생각하는 사람도 있을 것이다. 이들은 오히려 그편이 업무 진행을 더 원활히, 더 빨리 할 수 있다고까지 생각한다.

그러나 의학적으로 살펴보면, 우리의 몸은 어떤 일에 스트레스를 받거나 극도의 긴장 상태를 유지하게 되면 '아드레날린'이라는 물질이 분비된다. 아드레날린이 몸에서 심하게 분비되면 신체의 근육을 마비시켜 오히려 민첩하고 이성적인 행동을 취할 수 없게 된다고 한다.

조직 내에서 자신의 위치를 향상시키고, 인간관계에 있어 친밀함을 높이는 가장 좋은 방법은 바로 칭찬이다. 효과적인 칭찬 방법과 칭찬이 가져다주는 특별한 장점들을 이해해 올바른 칭찬 개념을 세워보자.

칭찬하지 못하는 7가지 이유

칭찬하는 말을 모른다

사람들에게 칭찬을 잘하냐고 물으면 대체로 자신은 칭찬에 인색하고 서투른 편이라고 말한다. 그 이유를 물어보면 "막상 칭찬을 하려고 하면 적당한 말이 떠오르지 않아요", "어떻게 칭찬해야 할지 모르겠어요"라고 대답하는 경우가 많다.

일례로 모 기업체의 '관리자 교육 연수'에서 각 부서의 상사들에게 한 명씩 '부하직원을 칭찬하기'라는 게임을 해본 적이 있다. 그러자 결과는 "잘했네!", "좋은데!" 정도의 표현이 고작이었고 더 이상 말을 덧붙이지 못하는 경우가 대부분이었다.

만약 당신에게도 이와 같은 상황이 발생한다면 자신 있게 '칭찬할 수 있는 말'들을 순간적으로 내뱉을 수 있을지 생각해볼 필요가 있다. 단순히 '잘했어', '좋아'라는 말 외에 어떤 것들을 떠올릴 수 있을까?

백화점에서 실시하는 직원 교육은, "어서오세요", "고맙습니다", "제가 도와드리겠습니다" 등의 기본적인 인사말을 연습하는 것을 시작으로, 이른바 고객을 위한 '맞춤형 칭찬'을 할 수 있도록 연습한다. 만약 손님이 "저, 옷 좀 포장해 주시겠어요?"라고 주문을 했을 때, 직원이 "네, 고맙습니다"처럼 짧게 대답하는 것이 아니라, "옷을 고르시는 안목이 탁월하시니, 선물 받으시는 분도 분명 마음에 들어 하실 거예요"와 같이 대답한다면 그 매장의 매출은 점점 상승할 것이다.

고객의 마음을 기쁘게 하고 기분 좋은 서비스를 제공하기 위해서는 "어서오세요", "고맙습니다", "제가 도와드리겠습니다"와 같은 기본적인 인사말도 좋지만, 고객의 심리 상태와 상황 등을 고려한 칭찬 표현이야말로 제대로 된 '고객 만족' 서비스를 제공한 것이라고 할 수 있다.

직장 생활에서, 더 나아가 인생 전반에 걸쳐 인간관계를 넓혀나가려면 상대와 상황에 맞춰 가장 적합한 칭찬을 반사적으로 꺼낼 수 있어야 한다. 그랬을 때 삶이 더욱 풍요로워지고 여유로워진다. 그러기 위해서는 먼저 단순히 '나도 칭찬을 잘하고 싶다'라는 머릿속 생각을 넘어서서, 실제로 칭찬 표현을 늘리는 것부터 시작해야 한다.

칭찬을 들으면 마음이 불편하다

최근 누군가에게 칭찬을 들어본 적이 있는지, 어떤 칭찬을 들었을 때 기분이 좋았는지 생각해보자. 가족, 친구, 직장 동료, 그 어느 누구라도 좋다. 칭찬은 누구한테 들었느냐에 상관없이 듣는다는 것 자체가 정말 기분 좋은 일이다.

그러나 칭찬을 들으면 기분이 좋아지기는커녕 오히려 마음이 불편해진다는 사람도 있다. 그 이유는 칭찬을 들었을 때 이미 머릿속에서는 비평·평론 회로가 작동되어 칭찬을 순수하게 받아들일 수 없게 되기 때문이다. 칭찬의 의도를 의심하면서 '아니 그렇지 않아. 내가 왜 저 사람한테 이런 말을 들어야 하지? 뭔가 수상해'라며 스스로 칭찬을 부정하는 메시지를 만든다.

예를 들어 부하직원을 잘 칭찬하지 못하는 상사들 중 약 20퍼센트가 남에게 칭찬을 듣는 것을 어색해하고, 불편해한다고 한다. 이는 완벽주의를 추구하는 사람들에게서 많이 나타나는 증상으로, 자신이 칭찬을 들어도 기쁘지 않기 때문에 다른 사람도 칭찬할 수 없는 것이다.

시기와 의심이 많은 사람도 남을 잘 칭찬하지 못한다. "정말 예쁘시네요"라는 말을 들어도, '무슨 의도로 저런 말을 하는 거지? 저의가 뭘까?' 하고 경계심을 갖는다.

원래 칭찬은 매우 기분 좋은 것임에도 불구하고 칭찬을 하지도, 듣지도 못하는 이유는 자신이 가지고 있는 칭찬에 대한 이미지가 부정적이기 때문이다. 칭찬을 하기 위해서는 먼저 자신의 부정적인 의식부터 없애야 한다.

자신의 업무만으로도 벅차다

K씨는 경력 7년차의 사무원이다. K씨는 자신의 과다한 업무에 차츰 여유를 잃어 안색까지 나빠졌다. 그러다가 결국에는 자신의 부하직원에게 "안녕?"이라는 인사 한 마디조차 하지 못하게 될 정도로 자신감을 완전히 잃어버리게 되었다.

남을 칭찬하지 못하는 사람의 절반 이상이 바로 이와 같이 여유 없는 근무 환경에서 일하고 있다. 일을 처리하는 데 있어 조금의 여유도 없는 사람은, 자신의 일만으로도 벅차기 때문에 부하직원을 일일이 살펴줄 수 없다. 이런 이유로 인간관계를 점점 소홀히 하게 되고, 그로인해 그의 주변에는 자신을 이해해줄 수 있는 사람이 점점 줄어들게 된다.

칭찬을 잘하려면 우선 자신에 대한 스트레스 관리와 시간

관리를 철저히 함으로써 심리적, 육체적인 여유를 만들어야 한다. 경우에 따라서는, 회사 내 사람들과 업무를 융통성 있게 분담하여 자기 자신만의 여유를 만들기 위해 노력해야 한다.

칭찬하면 상대가 버릇없이 행동할 것이라고 생각한다

일본의 피겨스케이트 선수인 아라카와 시즈카 선수는, 자신의 경기 성적이 좋고 나쁨을 떠나 매번 얼굴에 웃음이 가득하다. 그녀는 경기 후 항상 "오늘 정말 즐거웠어요!"라고 말한다. 이처럼 그녀가 승패에 상관없이 최선을 다해 얻은 결과에 만족하며 밝게 웃을 수 있었던 이유는, 모두 코치의 끊임없는 칭찬 덕분이었다. 코치의 칭찬은 아라카와 선수가 자유롭게 경기에 임할 수 있도록 도와주었을 뿐만 아니라, 좌절하거나 포기하지 않고 최선을 다해 연습하고 도전할 수 있는 힘을 주었다. 긍정적인 '칭찬의 힘' 덕분에 그녀는 마침내 토리노 올림픽에서 피겨스케이트 여자 싱글 부문에서 일본인 최초로 금메달을 획득했다.

만약 코치가 경기를 앞두고 "메달 없이는 집에 돌아올 생각조차 하지 마!"라며 윽박지르듯 명령했다면, 아라카와 선수는 위축되어 금메달 획득은커녕 제 실력도 발휘하지 못했을 것이다.

개중에는 칭찬을 많이 해주면 부하직원이 기어오르려 한다고 믿는 상사가 있다. 그러나 이렇게 생각하게 된 요인에는 분명 그 사람의 '칭찬 방식'에 문제가 있을 가능성이 높다. 상사가 부하직원에게 효과적으로 칭찬했다면 그는 결코 상사에게 버릇없는 행동을 하지 않을 것이고, 이전과는 다른 발전된 업무 능력을 발휘했을 것이다.

우선은 상사 스스로 '업무는 즐거운 일'이라는 인식을 가져야 한다. 상사가 즐겁게 일하지 않으면 부하직원을 칭찬할 마음의 여유도 아량도 결여될 수밖에 없기 때문이다.

상대방보다 우위에 서고 싶다

부하직원을 라이벌로 생각하는 상사도 있다. 긍정적인 의미에서의 라이벌 의식이라면 상사와 부하직원 모두가 서로를 자극하면서 발전해나갈 수 있다. 그러나 부하직원이 자신보다 뛰어난 실력을 발휘한다고 해서 열등감을 느낀다면 거기에서 문제가 발생한다.

좋은 상사의 마음 조건 중 하나가 '청출어람(靑出於藍)'이다. 즉, 제자가 스승보다 뛰어날 수 있다는 사고를 갖고 있어야 한다는 것을 의미한다. 부하직원은 무조건 자신보다 열등해야 한다고 여기는 것이 아니라, 자신보다 뛰어난 부하직원을 적극 육성하고 직원들의 사기를 높여주고자 노력하는 상사가 훌륭한 상사이다.

그러나 상사도 자신의 업무 목표와 양이 과다하고, 조언해 주어야 할 부하직원들이 많은 상황이라면 부하직원을 일일이 지도하기 어렵게 된다. 또 머리로는 '청출어람'을 인정하면서도 그것을 말과 행동으로 표현하기 어려울 수 있다.

상대방을 칭찬한다고 해서 내 실력이 그보다 더 낮음을 의미하거나 인정하는 것이 아니다. 오히려 칭찬함으로써 자기 자신의 '기(氣)'를 스스로 살리게 되며, 칭찬을 들은 상대방도 '저 사람은 참 자신감 있고 언제나 당당해 보여'라고 생각하며 당신을 높이 평가하게 된다.

피해의식을 갖고 있다

상대방을 칭찬하지 못하는 사람은 상대방보다 자신이 열등한 존재라는 피해의식을 갖고 있다. 그래서 '이렇게 열심히 일하는데, 어째서 나는 보상을 받지 못하는 거야. 열심히 일하고 있는 나에게는 잘못이 없어', '업무가 많기 때문이야', '경기가 안 좋기 때문이야', '회사 때문이야', '상사 때문에 이렇게 된 거야'라고 생각한다.

그러나 이런 생각들을 바꾸지 않는 한, 자신 스스로 끊임없이 열등감을 만들어 누구도 칭찬할 수 없게 된다. 그러다가 부정적 인식이 습관화되면 자신을 점점 나약하고 초라하게 만들 뿐만 아니라 더 이상 '환경을 바꾸자', '창조하자', '상대방을 칭찬하자' 라는 긍정적인 방향으로는 생각할 수 없게 된다.

마음에 여유가 없는 상태는 다른 사람에게 나누어 줄 '플러스 에너지'가 충전되어 있지 않은 상태이기 때문에, 우선 자기 자신의 에너지를 힘이 넘치게 충전할 필요가 있다.

상대방을 칭찬한다는 것은 자기 자신을 창조자·발견자의 위치에 둔다는 것을 의미한다. 상대방의 장점을 발견해낸다는 것은 쉬운 일이 아니다. 먼저 자신 스스로 지금의 환경에 만족하고, 더 나은 방향으로 만들어나갈 수 있다는 자신감을 가져야 한다. 남을 칭찬하는 것은 자신의 인격을 수양하는 것과도 같다.

자신의 마음에 드는 사람만 칭찬한다

"좋아하는 상대라면 칭찬할 수 있지만, 싫어하는 상대는 칭찬하기가 어려워요"라고 말하는 사람도 있다. 사람이기 때문에 각자 좋고 싫은 것이 있게 마련이다. 그러나 일상생활에서 사소하게 마주치는 사람이 아니라, 직장에서 매일 봐야 할 사람이라면 이야기는 달라진다. 특히 업무에 관련한 사람에게는 공평성까지 요구된다.

공평하게 칭찬한다는 것은, A씨를 하루에 세 번 칭찬했을 경우에, B씨, C씨도 똑같이 하루에 세 번 칭찬한다는 것이 아니다. 사람에 따라 장점과 성격이 다르기 때문에 횟수나 칭찬하는 말이 같아야 한다는 식의 기계적인 방법으로는 남을 효과적으로 칭찬할 수 없다.

모든 사람을 공평하게 칭찬하기 위해서는 차별 없이 장점을 발견하여 그 부분을 인정할 수 있어야 한다. 상대방에게 적합한 칭찬을 찾아서 표현하다 보면 상대방의 장점들을 더 많이 쉽게 찾아낼 수 있다. 그리고 어느새 평소 피하고만 싶었던 사람까지도 자신의 인맥으로 만들 수 있게 된다.

'칭찬'은 칭찬하는 사람에게도 좋은 영향을 끼친다는 사실을 염두에 두고 올바른 칭찬 표현을 익히기 위해 노력해보자.

Point

칭찬하지 못하는 7가지 이유

- 칭찬하는 말을 모른다.
- 칭찬을 들으면 마음이 불편하다.
- 자신의 업무만으로도 벅차다.
- 칭찬하면 상대가 버릇없이 행동할 것이라고 생각한다.
- 상대방보다 우위에 서고 싶다.
- 피해의식을 갖고 있다.
- 자신의 마음에 드는 사람만 칭찬한다.

칭찬의 달인이 되면 좋은 6가지 이유

상대방으로부터 이해받고 존중받는다

'이 부하직원은 무슨 생각을 하고 있는지 도무지 알 수가 없어.'

'이 상사는 전혀 내 입장을 고려해주지 않아.'

서로 이런 생각을 갖고 있다면 마음이 불편하고 불안하여 관계도 악화될 수밖에 없다.

인간은 동물과 같이 '상대방이 자신의 생존 욕구를 위협하는 존재인지 여부'를 파악하고자 하는 버릇이 있다. 무슨 생각을 하는지 알 수 없고, 표정을 봐도 속내를 읽을 수 없는 사람이 다가오면 긴장하기 마련이다. 반대로 서로를 잘 이해하고 있는 사람이나 잘 알고 있는 사람이 다가오면 마음이 편해진다.

칭찬의 효과 중 하나는, 상대방을 긴장시키지 않고 '이 사람은 나에게 해를 끼치지 않는 존재다' 라는 사실을 알릴 수 있다는 점이다. 칭찬은 '나를 이해해주고 있어', '이 상사는 나를 지켜봐주고 있어' 라고 느끼게 해준다. 또한 '이 상사는 믿을 수 있는 사람' 이라는 신뢰감이 들게 한다.

부하직원은 의외로 상사의 말과 행동을 주시하는 버릇이 있다. 만약 상사가 주변 사람들에게 시선을 주지 않은 채 온종일 말 한 마디조차 하지 않는다면 '자기 실적과 성적만을 중시하는 이기적인 상사' 라는 평을 듣게 될 것이다. 반대로 부하직원을 칭찬하는 모습을 보여준다면 '부하직원을 잘 살펴주는 상사' 라는 평가를 듣게 될 것이다.

자기 신뢰감과 자신감을 키울 수 있다

칭찬을 들으면 '나는 신뢰받고 있는 사람이구나' 라는 자신감이 생겨 스스로 더욱 발전하려고 노력하게 된다.

반대로 싫은 소리만 듣게 되면 '어차피 난 안 돼', '난 없어도 상관없는 존재야' 라고 생각해서 의욕 저하, 성적 부진, 자신감 상실의 결과를 낳게 된다.

게다가 고함을 지르거나 질책을 하면 상대방의 의욕이 오를 것이라고 생각할 수도 있다. 하지만 "남들보다 다섯 배는 더 노력해야지!"라는 말에 힘입어 실력이 향상되는 사람은 아마 없을 것이다.

"A는 좀 부족하긴 하지만, B에는 자네만의 개성이 잘 발휘되어 있어 좋아"라고 장점을 칭찬한다면, 상대방은 힘을 얻어 자신의 부족한 점을 더욱 발전시키려고 할 것이다.

조직 내의 분위기가 밝아진다

상사가 항상 질책만 일삼으면서, "도대체 뭘 한 거야! 여기도! 저기도! 제대로 되어 있는 게 하나도 없잖아!"라고 불평과 푸념만 늘어놓는다면 부하직원들은 상사에게 다가가기는커녕 오히려 상사를 피하게 된다.

결국 상사의 이런 업무 태도 때문에 부하직원들은 상사 눈치를 보며 '시켜서 하는 업무'가 계속될 것이다. 또한 부하직원은 긍정적인 사고방식이나 자발성을 잃게 되고, 직장 분위기도 나빠질 것이다. 이런 환경 속에서는 결코 자기계발이나 실적 향상은 기대할 수 없다.

반대로 칭찬하는 상사 주변에는 반드시 사람들이 모여들기 마련이다. 대하기 좋은 상사에게는 상담이나 업무 보고도 그만큼 편하기 때문이다. 이를 통해 신뢰감이나 일체감도 생기고, 직장의 분위기가 밝아져 함께 일하기 좋은 환경이 만들어진다. 팀 전체의 실적을 올리는 가장 좋은 방법은 팀원의 사기를 북돋아 자신 있게 일할 수 있도록 칭찬해주는 것이다.

의욕이 생긴다

인간이란 기본적으로 '칭찬을 해준 사람의 얼굴에 먹칠을 해서는 안 된다' 라는 심리를 가지고 있다. 그래서 '이 상사는 나를 잘 이해해주는 사람이니 잘 따라야지', '팀장님을 스타로 만들어 드릴까?', '믿고 따른다면 나도 팀장님처럼 될 수 있겠지?' 하면서 더욱 분발하게 된다.

상사가 "이러한 점이 자네의 장점이야", "자네는 분석 능력이 아주 뛰어나"라고 부하직원을 칭찬한다면 자신만의 장점을 깨닫게 되면서, '아, 그렇구나. 난 이런 걸 잘하는구나. 그렇다면 이 부분을 좀 더 살려야겠다' 라고 노력의 방향성을 명확히 알게 되면서 의욕이 생긴다.

칭찬은 상대방의 의욕과 자발성 등을 이끌어내어 장점을 더욱 발전시키는 묘약과도 같다.

실수가 줄어든다

상사가 질책을 많이 하는 직장에서는 직원들이 작은 목소리로 대화를 나누는 경향이 있다. 상사의 눈치를 보느라고 위축되어 있기 때문이다. 이러한 직장에서는 문제가 생겨도 상사는 눈치를 채지 못해서 문제를 수습할 기회를 잃어 돌이킬 수 없는 사태까지 가는 경우도 있다.

부하직원은 상사의 질책이 무서워 '실수를 하지 말아야지'라고 생각하게 된다. 그러나 이런 생각들이 오히려 강박감으로 자리 잡게 되면서 평소보다 실수가 더 늘어나게 된다.

반대로 상사가 칭찬을 잘하는 직장에서는 직원들 모두가 안심하고 자유롭게 일하기 때문에 활기가 넘친다. 큰 목소리로 대화를 나눌 수 있어 상사는 부하직원들의 상태나 작업의 진행 속도, 진행 상황 등을 쉽게 파악할 수 있다. 따라서 실수나 문제를 미리 방지할 수 있는 장점이 있다.

칭찬하는 사람의 에너지가 증가한다

관리자 교육 중에 릴레이 형식으로 상대방을 칭찬하는 게임을 한 적이 있다. 처음에는 거의 무표정했던 얼굴들이 점점 부드러운 얼굴로 변해가는 것을 확인할 수 있었다. 칭찬을 통해서 긍정적인 표현을 자주 하게 되면 칭찬하는 사람의 에너지도 자연스럽게 상승하게 된다. 칭찬하는 과정에서 좋은 아이디어가 생각나는 경우도 있으며, 자신이 몰랐던 세계로 시야가 확대되는 경우도 있다.

말은 전달받는 상대방보다 발신하는 본인이 먼저 듣게 되는 법이다. 좋은 말은 좋은 에너지를 갖고 있으며, 그 에너지의 파동은 말하는 사람의 온몸으로 퍼져 나가게 된다.

즉, 상대방을 칭찬하는 것은 자신의 에너지를 충전하는 것과 같다. 실제로 칭찬을 잘하는 사람이 불만을 나타내는 사람보다 훨씬 얼굴빛이 좋으며 표정에도 생기가 돈다.

당신의 주변 사람들은 어떤지 살펴보자. 칭찬을 습관처럼 달고 사는 사람의 표정은 한결 부드러울 것이다. 또 이들의 인생은 여유롭고 풍요로울 것이다.

Point

칭찬의 달인이 되면 좋은 6가지 이유

- 상대방으로부터 이해받고 존중받는다.
- 자기 신뢰감과 자신감을 키울 수 있다.
- 조직 내의 분위기가 밝아진다.
- 의욕이 생긴다.
- 실수가 줄어든다.
- 칭찬하는 사람의 에너지가 증가한다.

"당신을 알고 있다는 것이
너무 기뻐요."

"당신은 가식적이지 않아
믿음이 가요."

"당신은 큰 소리 한번 없이도
부하직원들을 묵묵히 따르게 만들죠."

2장
칭찬화술의 기본 원칙

"당신에게는 마음을 터놓고 말할 수 있게 돼요."

"무슨 일이 있어도 약속을 지키는군요!"

"과연, 총명해!"

"난 저 사람이 누군가를 욕하는 걸 들어 본 적이 없어."

칭찬의 달인이 가진 4가지 공통점

항상 의욕이 넘친다

다른 사람들이 어렵다고 손을 내저은 문제도 칭찬을 잘하는 사람은 다르다. "물론 어렵고 힘든 문제지만, 자네라면 반드시 해낼 수 있어"라고 상대방의 기운을 북돋아주면서 동시에 스스로도 의욕을 북돋아 그 일을 멋지게 해낸다.

상대방이 현재 원하는 칭찬이 무엇인지 파악하여 말한다

칭찬하는 법도 상황과 상대에 따라 달라진다. 예를 들어 남성에게 쓰면 좋을 "체격이 좋으시네요"와 같은 칭찬을 다이어트 중인 여성에게 썼다고 하면, 아마 이 여성은 크게 상처받았을 것이다. 대부분의 여성들은 "체격이 크시네요"라는 말보다 "몸집이 작으시네요" 혹은 "날씬하시네요"라는 말을 더 선호하는 경향이 있기 때문이다. 상황과 상대에 맞춰 적절하게 칭찬하는 것도 칭찬을 잘하는 노하우이다. 칭찬은 상대방의 현재 상태를 고려하여 상대방이 자신의 미래를 긍정적으로 생각하고 발전시킬 수 있게 한다.

칭찬 표현을 적게는 몇백 개, 많게는 몇천 개씩 알고 있다

칭찬을 능숙하게 잘하는 사람은 자신만의 칭찬 표현이 있다. 상대방의 장점을 빠르게 파악하여 단순하거나 식상한 표현이 아닌 독특하고 흥미로운 말로 상대방을 칭찬한다.

그러나 이런 즉각적이고 발랄한 칭찬 표현은 어느 한순간에 만들어진 것이 아니다. 자신만의 '칭찬 리스트'를 만들어 꾸준히 하루에 한 개씩이라도 상대방을 칭찬하는 연습을 했기 때문에 가능한 것이다.

자신이 일하는 분야에서 성공할 뿐만 아니라 인맥이 넓다

칭찬이 습관화된 사람은 자기 분야에서 성공할 가능성이 매우 높다. 상대방을 칭찬한다는 것은 자기 스스로 자신감 있고 여유 있는 사람이라는 증거이다. 왜냐하면 자기 자신이 못마땅한 사람이 다른 사람의 장점을 발견해 칭찬하기란 어렵기 때문이다. 이렇게 항상 자신감이 넘쳐나기 때문에 어떤 일을 실패했어도 좌절하지 않고 금세 용기를 내어 다시 그 일에 도전한다.

또한 칭찬이 몸에 밴 사람 주위에는 항상 사람들이 끊이질 않는다. 항상 기분 좋은 이야기를 나눌 수 있고, 앞으로의 비전을 제시해주는 사람이기 때문에 모든 사람들은 이 사람과 이야기를 나누고 싶어 한다.

만약 성공한 경영자나 사업가가 되고 싶다면, 그래서 인맥을 많이 만들고 싶다면 만나는 사람마다 칭찬해보자. 그 진심 어린 따뜻한 한마디 칭찬이 당신을 좋은 기운을 가진 '유쾌한 사람'이라고 기억하게 만들 것이다.

Point

칭찬의 달인이 가진 4가지 공통점

- 항상 의욕이 넘친다.
- 상대방이 현재 원하는 칭찬이 무엇인지 파악하여 말한다.
- 칭찬 표현을 적게는 몇백 개, 많게는 몇천 개씩 알고 있다.
- 자신이 일하는 분야에서 성공했을 뿐만 아니라 인맥이 넓다.

올바른 칭찬의 6가지 원칙

자세하게 구체적으로 칭찬한다

대부분의 사람들이 막연한 칭찬보다 구체적인 칭찬을 더 선호한다. 예를 들어 "넌 참 대단해!"라는 막연한 칭찬이 효과적인 경우도 있지만, "이번 대응은 진심이 담겨 있다는 느낌이 들어서 좋았어", "신념을 갖고 설명한 부분이 정말 좋았어", "부탁했던 일, 벌써 해낸 거야? 정말 빠르네" 등과 같은 구체적인 칭찬이 듣는 사람으로서는 더욱 기쁠 수 있다. 그 이유는 '이 사람은 나를 지켜봐주고 있다'는 신뢰감이 느껴지기 때문이다.

단, '있는 그대로의 사실'을 가지고서 칭찬해야 한다. 사실과 다른 이른바 '입바른 아부'는 자칫하면 상대가 나를 떠보고 있다는 불쾌한 생각을 갖게 할 수 있다. 상대방의 기분에 맞추려 근거 없는 미래에 대해 기대를 갖게 하거나 사실과 다르게 표현을 한다면 언젠가는 그 말들이 가식이었다는 사실이 드러나, 결과적으로는 상대방과의 인간관계를 무너뜨릴 수 있다.

상대방에게 적합한 칭찬을 한다

'나는 항상 공적인 자리나 사적인 자리에서 누군가를 헐뜯은 적이 없고, 항상 상대방의 장점에 대해서 솔직하게 칭찬하고 있다' 라고 생각하는 사람들도 적지 않게 있다. 그러나 자신은 '칭찬' 이라고 한 말이 상대방에게는 빈정거림이나 비아냥거리는 말로 들리는 경우가 있다.

인간관계는 상대방이 존재함으로써 비로소 성립된다. 따라서 상대방의 성격이나 입장, 상황 등에 맞게 칭찬해야 한다. 자신이 가지고 있는 지식에 관해 칭찬을 듣고 싶어 하는 사람도 있고, 배려 깊은 마음가짐이나 말솜씨, 패션 감각에 대해서 인정받고 칭찬받고 싶어 하는 사람도 있다.

반면에 '칭찬은 왠지 거부감이 느껴져. 입에 발린 말 같아서 말이야' 라고 생각하는 사람도 있다.

그러나 사실 입에 발린 말만으로는 상대방을 칭찬할 수 없다. '귀' 와 '눈' 그리고 '마음' 으로 칭찬해야 한다. '聽(들을 청)'이라는 한자는 앞서 말한 3가지 요소로 구성되어 있다. 즉, 상대방의 말에 귀를 기울이고, 잘 지켜본 후에, 상대방의 모습을 있는 그대로 마음으로 받아들인다는 것이다.

칭찬을 잘하는 사람, 제대로 칭찬하는 사람이 되기 위해서는 상대방을 잘 관찰할 수 있어야 한다. 지금부터라도 내 주위 사람들의 개성이나 장점 그리고 이전보다 얼마나 성장했는지를 살펴보고 칭찬하자.

타이밍에 맞게 칭찬한다

상대방이 칭찬을 듣고 기쁘다고 느낄 수 있을 때 칭찬하는 것도 중요하다. "생각해보니 6개월 전에 했던 기획은 참 좋았어"라고 말한다면, 상대방은 칭찬을 실감나게 느끼지는 못할 것이다.

"쇠는 뜨거울 때 두들겨라"라는 속담처럼, 상대방이 좋은 일을 했거나 성과를 올렸을 때 바로 칭찬하는 것이 '칭찬의 달인'이 되기 위한 비결이다. 칭찬하는 것을 쑥스럽다고 생각하지 말고 작은 용기를 발휘하여 상대방을 칭찬해보자.

이렇듯 적절한 때에 칭찬하기 위해서는, 평소 서로 많은 대화를 나누며 상대방의 작은 변화에도 관심을 기울여야 한다.

먼저 칭찬한다

칭찬은 상대방의 장점이나 성과 등을 인정하고, 서로 기쁨을 공유할 때 이뤄진다. 이런 기쁨을 누리기 위해서는 우선 내가 먼저 상대방을 칭찬할 수 있어야 한다.

예를 들어 A씨가 B씨의 도움으로 회사 내 중요한 성과를 올린 상황이라면,

A : "당신 덕분입니다."

B : "아뇨, 그렇지 않아요. 당신이야말로 대단하죠."

라고 먼저 칭찬하는 것이다. 성과를 올렸을 때는 스스로를 자랑하고 싶은 마음이 있게 마련이다. 하지만 그런 때일수록 A씨가 먼저 칭찬한다면 B씨도 자연스럽게 A씨의 존재와 실력을 인정하게 되고, 신뢰와 존경의 마음도 갖게 된다.

'겸허한 사람', '조화를 중요시하는 사람'이라는 평가는 하루아침에 얻을 수 없다. 자신의 이기심과 자존심을 버릴 줄 알아야 누구에게나 인정받는 사람이 될 수 있다.

마음을 담아서 칭찬한다

표현이 풍부하고 여러 가지 형용사를 구사한다고 해서 효과적으로 칭찬하는 것은 아니다. 예를 들어 "계획이 순조롭게 진행된 것은 여러분이 평소에 노력해주신 결과이며, 감사의

뜻을 말로 다 표현할 수 없을 정도입니다", "자네가 이번에 내놓은 실적은 창업 이래 유례없을 정도로 가장 뛰어났네" 등과 같이 화려하게 말한다고 해서 상대방이 기뻐하는 것은 아니다. 오히려 꾸미지 않은 표현이나 간단한 표현이 듣는 사람의 마음을 움직일 수 있다.

한마디 말이라도 자신의 마음을 담아서 표현하기란 어려운 법이다. 특히 연장자일수록 자신의 감정을 잘 표현하지 못한다고 한다. 칭찬을 할 때 남다른 수식어를 붙이거나 장황하게 말하려고 하지 말고, 상대방에 대한 감사의 마음을 간단한 말로 전하는 것부터 시작해보자.

치켜세우거나 아부하지 않고 칭찬한다

남을 칭찬한다는 것은, 사실에 근거하여 상대방의 장점을 인정하고 말로써 그 뜻을 전달하는 것을 의미한다. 이에 비해 사실이 아닌 일을 마치 칭찬하는 것처럼 말하거나, 정도 이상으로 칭찬하는 것을 '치켜세운다'라고 표현한다. 또한 상대방의 마음을 사기 위해 말이 수단과 방법이 되는 것을 두고 '아부한다'라고 표현한다.

만약 자신의 칭찬에 상대방이 우쭐해지거나 거만해진다면 그것은 옳게 칭찬한 것이 아니다. 자신의 칭찬이 어떤 목적을 가지고 상대방을 치켜세우거나 아부했기 때문일 수도 있으므로 자신의 칭찬을 되돌아볼 필요가 있다.

진심어린 마음 없이 오직 상대방에게 자신을 잘 보이려 치켜세우거나 아부한다면 그를 신뢰할 사람은 아마 없을 것이다. 지금부터라도 올바른 칭찬 방법과 원칙을 파악하여 실천에 옮겨보자.

Point

올바른 칭찬의 6가지 원칙

- 자세하게 구체적으로 칭찬한다.
- 상대방에게 적합한 칭찬을 한다.
- 타이밍에 맞게 칭찬한다.
- 먼저 칭찬한다.
- 마음을 담아서 칭찬한다.
- 치켜세우거나 아부하지 않고 칭찬한다.

칭찬의 달인이 되기 위한 4가지 마음가짐

칭찬거리를 찾는다

칭찬하는 사람에게도 자기만의 버릇이 있다. 예를 들어 상대방의 업무 능력에 관심이 있는 사람은 능력만을 칭찬하기 쉽다.

그러나 칭찬할 수 있는 부분은 능력만이 아니다. 그 사람의 외모, 내면, 성격, 근무 태도, 말투, 후배 지도, 인사 방법, 특기 등, 끝이 없을 정도로 많다.

칭찬을 잘 못하는 사람일수록 '칭찬거리'를 잘 찾지 못해 칭찬을 하지 못한다. 만약 이런 고민을 갖고 있다면 자신의 평소 관심사를 바꾸어 상대방을 다양한 각도에서 바라보자. 곧 칭찬거리들이 많다는 사실을 알게 된다.

또한 칭찬할 때 성과나 실적만을 중요시하는 경우도 있다. 그러나 실제로 눈에 보이는 결과가 나타나는 경우는 별로 없다. 오히려 대부분의 일상 업무가 그 사람을 평가하는 과정이자 결과라고 할 수 있다. 무엇을 칭찬해야 할지 판단이 안 설 경우에는 '결과'보다 노력하고 있는 '과정'이나 평소에 늘 하는 업무에 눈을 돌려보자.

그러나 문제는 사람마다 칭찬받고 싶은 부분이 모두 다르다는 점이다. 노력에 대한 칭찬을 선호하는 사람, 결과에 대한 칭찬을 선호하는 사람, 또는 "멋있다", "예쁘다"라는 말에 더 기뻐하는 사람도 있다.

칭찬거리를 발견하는 것은 적극적으로 상대방을 칭찬하려고만 한다면 얼마든지 발견할 수 있다. 칭찬을 하기 전 상대방의 장점과 기호를 충분히 관찰하고 파악한 후 칭찬하자.

다양한 칭찬 표현들을 찾아낸다

상대방의 장점이나 우수한 부분을 언급하는 것은 칭찬 방법의 기본이다. 그러나 칭찬 방법 중에는 상대방의 장점을 언급하지 않는 방법도 있다.

원래 칭찬은 상대방의 의욕을 높이고 자발성을 이끌어내는 효과가 있다. 반대로 말해서, 내가 한 칭찬이 상대방의 의욕이나 자발성을 이끌어냈다면 그 말이 곧 칭찬이다.

그 예로 "고맙습니다", "수고하셨어요" 등과 같은 감사·위로의 표현도 칭찬이다. 이 표현은 상대방의 존재나 활동을 인정한다는 메시지이면서, 동시에 상대방의 의욕이나 자발성을 이끌어내는 계기가 되기도 한다.

또한 칭찬할 때에는 있는 사실을 구체적으로 칭찬해야 하지만, 칭찬 소재를 찾아낼 수 없는 경우에는 상대방이 가지고 있는 앞으로의 가능성에 초점을 맞춰 이야기하는 것도 좋다.

칭찬을 한다는 것은 상대방에게 '나는 당신에게 관심을 갖고 있다' 라는 메시지를 보내는 것을 의미한다. 이 점을 기억하면서 상대방을 칭찬한다면, 어느새 칭찬하는 데 필요한 표현들이 무궁무진하게 많아질 것이다.

칭찬의 수위를 조절한다

칭찬을 별로 해본 적이 없는 사람이 칭찬을 하게 되면 표현이 어색해지기 쉽다. 그 원인 중 하나는 칭찬의 수위를 잘 조절하지 못했기 때문이다. 칭찬에 익숙하지 않은 사람은, 과도하다 싶을 정도로 칭찬을 하거나 칭찬을 아예 하지 않는, 다시 말해 100 내지는 0, 온(on) 내지는 오프(off)와 같은 둘 중 하나 식의 행동에 빠지기 쉽다. 그러나 실제로 상대방의 노력이나 결과를 100과 0만으로 측정할 수는 없다.

예를 들어 "와~! 정말 대단한데!"라고 말하는 경우가 100점이라면, "좋은 생각이야"라고 목소리 톤을 조금 낮춰서 말하는 경우가 70점일 것이다. 칭찬의 수위도 라디오 볼륨처럼 조절하는 것이 중요하다.

포기하지 않고 실천한다

'갑자기 칭찬을 하면 이상하게 생각하지 않을까?' 하고 걱정하는 사람도 있다. 물론 그동안 다른 사람을 칭찬한 적이 없다면 처음에는 이상하고 어색할 것이다.

직장인이라면 '팀장님이 나한테 칭찬을 하다니, 어쩐 일이지? 무슨 일 있으시나?' 라는 의문을 가질 수도 있다.

그러나 다음날이 되면 '오늘도 팀장님이 기분이 좋으시네'라고 생각하게 될 것이며, 3~4일쯤 지나면 '이번 주에는 팀장님이 기분이 좋으셔' 라고 생각하게 된다. 그리고 그 주가 끝날 무렵에는 동료직원에게 "팀장님도 점점 사람이 좋아지네"라고 칭찬하거나, 상사의 칭찬하는 모습이 평소 모습이라고 받아들이게 될 것이다.

이와 같이 인간에게는 새로운 상황에 적응하고 새로운 능력을 익힐 수 있는 학습 능력이 있다. 처음에는 어색한 분위기가 느껴지겠지만, 스스로 포기하지 않고 칭찬이 습관이 될 때까지 지속적으로 '칭찬하기'를 실천해나가야 한다.

선천적으로 칭찬을 잘하는 사람은 없다. 칭찬이 과해서 상대방을 우쭐하게 만들거나, 칭찬이라 생각하고 한 말이 오해를 사는 경우도 있다. 그러나 칭찬을 하고 칭찬을 들으면서 점차 어떻게 칭찬해야 하는지 알게 되고, 칭찬 표현도 늘어나게 된다.

시행착오를 반복하면서도 포기하지 않고 조금씩 단계를 밟아 나간다면 당신도 진정한 '칭찬의 달인'이 될 수 있다.

Point

칭찬의 달인이 되기 위한 4가지 마음가짐

- 칭찬거리를 찾는다.
- 다양한 칭찬 표현들을 찾아낸다.
- 칭찬의 수위를 조절한다.
- 포기하지 않고 실천한다.

"벌써 아는 걸 보니
눈치가 빠르구나!"

"문제를 슬기롭게
해결하는군요!"

"당신에게 남들에게는 없는
독특한 분위기가 있네요."

3장
상대에 따른 칭찬의 기술

"뭐든지 바로 실행해야 직성이 풀리는군요!"

"세상 모든 것에 호기심이 많군!"

"역시 베테랑 답네요!"

"자네는 사람을 기분 좋게 만드는 재주가 있군."

01 칭찬의 기술

실적이 저조한 부하직원에게

장점을 구체적으로 칭찬한다

회사에서 실적이 부진한 사람에게 "자네는 할 수 있어. 괜찮아, 반드시 실적이 오를 거야"라고 격려해도, 듣는 사람으로서는 근거가 없는 입에 발린 말이라고 생각할 수 있다. 오히려 '말을 건성으로 내뱉는 사람이구나' 라고 생각할지도 모른다.

반대로 "왜 이것밖에 못해! 노력하면 더 잘할 수 있잖아!"라고 말한다면, 자신이 추궁당했다고 생각하고 의기소침해지거나 아예 회사를 그만두는 사람도 있을 것이다.

실적이 저조한 사람은 실적이 저조하다는 불안한 의식이

있기 때문에 어떻게든 실적을 올리려고 노력한다. 그럼에도 불구하고 실적이 오르지 않기 때문에 현재 의욕을 잃고 있을 가능성이 높다. 이런 사람에게는 의욕을 높여주고 적극적으로 업무에 임할 수 있는 칭찬이 필요하다.

그렇다고 해도 '실적이 부진한 사람을 어떻게 칭찬해, 칭찬할 소재가 없는걸' 하고 생각할 수 있다. 하지만 누구나 반드시 장점 한 가지는 있게 마련이며, 그 장점에 주목해서 칭찬하는 것이 포인트이다. 예를 들어 "자네가 작성한 제안서는 아주 꼼꼼해서 좋단 말이야", "자네는 행동이 신속해서 좋아", "자네 인사는 시원시원해서 좋단 말이야"와 같이 무엇이 어떻게 좋은지를 구체적으로 전달해야 상대방의 장점을 명확히 표현할 수 있다. 그리고 칭찬을 들은 사람도 자신의 장점과 특기를 다시 한 번 상기시켜 '재능'으로 발전시키는 계기가 될 수 있다.

이처럼 보다 구체적인 표현을 통해 상대방의 장점에 감탄하고 있다는 것을 진심을 담아서 칭찬해보자.

가장 활기 넘치는 순간을 찾아낸다

슬럼프에 빠져 있는 사람들을 관찰하면 그들은 하나의 공통점이 있다. 바로 자신의 장점을 스스로 끊임없이 없애는 노력을 하며 컨디션을 최악의 상태로 만들어버리는 것이다.

또 어떻게든 슬럼프에서 벗어나보려 노력하는 과정에서 점점 더 자신감과 개성을 잃어 더욱 컨디션을 악화시키는 악순환에 빠지는 경우도 적지 않다.

내가 만난 보험 판매원 중에, 밝은 성격에 누구와도 거리낌 없이 대화할 수 있는 소위 '아줌마 스타일'의 스물다섯 살 된 아가씨가 있었다.

그녀는 "이렇게 살다간 큰일 나. 보험 하나 정도는 들어둬야지. 앞날이 걱정되지 않아?"와 같이 친근하고 시원시원한 말투로 고객들의 인기를 사고 있었고, 그 결과 회사에서도 뛰어난 실적을 보이고 있었다.

그러던 그녀에게 위기가 닥쳐왔다. 어느 날부터인가 계약이 줄기 시작하더니 계약이 뚝 끊겨버린 것이다. 그녀의 보험 가입 고객이 끊긴 데는 이유가 있었다.

그녀는 자신의 장점을 파악하지 못한 채 주위 사람들의 조언에 따라 보험 매뉴얼대로 설명하기에만 급급했고, 어떻게든 고객이 보험 서류에 사인하는 것에만 신경 썼다. 이렇게 되니 자연스럽게 그녀의 영업 스타일도 변하게 되었다. 친근하고 활기 넘쳤던 그녀의 시원시원한 말투가 갑자기 설교조의 지루하고 따분한 말투로 변한 것이다. 곧 고객들은 그녀의 영업 방식을 미심쩍게 바라보았고, 그로 인해 점점 보험 가입자가 하락하게 되었다.

나는 그녀의 장점에 초점을 맞추어 이렇게 말했다.

"당신이 담당했던 A사 사람들이 그러는데, 당신의 말투가 시원시원해서 자신감 있어 보인다는군요. 또 이야기가 지루하게 들리지 않아 자신들도 모르게 당신의 말에 흥미를 느끼게 되고 곧 마음의 활력까지 생긴다고 하니, 이것이야말로 당신의 최고 장점이자 매력이 아닐까요?"

그 후에 그녀는 자신만의 장점을 깨닫고 다시 실적을 올리게 되었다.

또 이런 경우가 있다. '도대체 저 사람을 칭찬할 수 있는 것이 뭐지? 개성이 뭘까?' 라고 생각되는 경우이다. 이럴 때에는 특별히 고민할 필요 없이 그 사람이 가장 생기 넘칠 때가 언제인지만 관찰하면 된다. 만약 부하직원을 지도하고 있을 때가 가장 활기 넘쳐 보인다면, "자네는 직원들을 지도하고 있을 때 가장 활기가 넘쳐 보이는군. 항상 나도 감탄하는 부분이야. 나에게도 자네의 에너지가 전달되는 것 같아 기분이 좋아지니 말이야"라고 칭찬해보자.

자신만의 장점이 있다는 사실을 깨닫는 것만으로도 힘을 얻거나 의욕이 생기게 된다. 자신의 장점을 깨닫는 일은 업무에 대한 긍정적인 마음가짐과 자세로도 이어져 업무 성과를 크게 향상시킬 수 있다.

남의 옷을 억지로 입는 사람이나, 남의 떡이 더 커 보인다고 자신의 것과 맞바꾸는 사람들이 슬럼프에 빠지기 쉽다. 다른 사람의 말에 귀를 기울이는 것도 중요하지만 먼저 자신만의 개성이 무엇인지 파악하는 것이 중요하다.

칭찬할 부분이 없다면 가능성을 칭찬한다

직장인이 슬럼프에 빠지거나 실적이 부진한 이유는, 개인적인 고민이나 부서 사람들과의 인간관계 악화 등의 문제가 있기 때문일 확률이 높다. 이런 고민들을 해결해주는 방법으로는 그가 가지고 있는 문제를 역이용하여 칭찬하는 것도 하나의 방법이다.

"지금 이 문제를 극복하면 책 한 권은 쓸 수 있을 거야", "이런 경험은 돈 주고도 못하는 법이지. 마치 드라마 같잖아?"와 같이 '책을 쓸 수 있다', '드라마가 될 수 있다'라는 독특한 표현을 통해서 현재의 상황을 긍정적으로 받아들일 수 있도록 말해보면 상황은 좋은 쪽으로 달라져 있을 것이다.

이는 일종의 발상을 전환시키는 칭찬법이라고 할 수 있다. 듣는 사람으로서는 현실을 긍정적으로 받아들이게 되어 고민스럽거나 의기소침한 상황에서 빠져나올 수 있게 도와준다.

그러나 사람에 따라서는 '이렇게 힘들게 고생하고 있는데 책을 쓴다고? 농담에도 정도가 있지. 내가 얼마나 힘든 상황인지 전혀 모르는군' 하고 반감을 갖는 경우도 있을 것이다. 기억해야 할 것은 이러한 발상 전환식의 표현은 만나 온 기간이 길고, 허물없이 지내는 사람에게만 쓰는 편이 나을 수 있다.

이와는 반대로 슬럼프에 빠진 것이 아니라 원래 실적이 부진한 경우도 있다. 또한 부하직원이 성격이 어둡고 업무 태도가 좋지 않을 경우에는, 상사로서는 어떤 점을 칭찬해야 할지 고민하게 될 것이다. 이러한 사람에게는 '가능성'을 칭찬하는 것이 좋다.

예를 들어 한 번도 계약을 성사시키지 못한 직원에게도 "자네는 잘 나가는 영업자 스타일이야", "~ 분야는 반드시 잘할 수 있을 거야", "~에서는 능력을 발휘할 수 있을 거야. 잘할 것 같아"와 같이 그 사람의 가능성을 칭찬할 수 있다.

실적이 부진한 세일즈맨이라고 할지라도 그가 앞으로 어떤 세일즈맨으로 거듭날지는 아무도 모르기 때문에, 어느 누구도 그 사람이 가능성이 전혀 없다고는 말할 수 없다.

이런 칭찬 방법은 말하는 사람으로서도 거짓말을 하고 있는 것이 아니라는 점이 포인트이다. "당신에게는 특별한 가능성이 있다"라는 말은 사실이면서 격려의 의미이기도 하다.

가능성에 대한 칭찬은 상대방의 의욕을 끌어올리는 칭찬이라고 할 수 있다. 또한 실적이 저조한 사람에게는 자주 말을 건네는 것도 중요하다. 이때 계속 같은 부분을 칭찬하는 것보다 여러 부분에 착안하여, 옷차림에서부터 사소한 행동에 이르기까지 매일 다른 부분을 칭찬하는 것이 효과적이다.

나만의 칭찬 표현들을 늘려가며 '칭찬 리스트'를 만들어간다면, 어느새 실생활에서 쓸 수 있는 말들이 늘어나게 된다.

Point

실적이 저조한 부하직원을 칭찬하는 법

- 장점을 구체적으로 칭찬한다.
- 가장 활기 넘치는 순간을 찾아낸다.
- 칭찬할 부분이 없다면 가능성을 칭찬한다.

 칭찬의 기술

실적이 가장 뛰어난 사람에게

실적이 가장 뛰어난 사람일수록 자주 칭찬한다

실적이 가장 우수한 사람은 최고의 자리에 있기 때문에 자주 칭찬을 듣고 있을 것이라고 생각하기 쉽다. 그러나 최고의 자리에 있는 사람일수록 시샘을 사는 경우는 있어도 칭찬을 듣는 경우는 결코 많지 않다.

"실적이 좋을 때는 아무도 칭찬해주지 않다가도 실적이 조금만 떨어지면, 컨디션이 안 좋아? 무슨 일 있어? 요즘 컨디션이 별로네 하면서 오히려 다들 우려 섞인 말을 던져 댄다니까요. 저로서는 이제 막 힘 좀 내보려 하다가도 그런 말을 듣게 되면 의욕이 떨어져요."

실적이 가장 뛰어난 사람은 '잘하는 게 당연한 일', '저 사람은 원래 잘하니까'와 같이 마치 노력 없이 자리를 지키고 있다고 여겨지기 쉽다.

더욱이 주변 사람들이 말을 거는 경우는 실적이 떨어졌을 때뿐이라면 '내 입장을 전혀 몰라주는군', '내 기분은 전혀 상관없군' 하고 불만만 쌓게 될 것이다. 만약 이러한 상황 속에서도 힘을 낼 수 있다면 다행이지만, '어차피 아무도 알아주지 않는걸' 하면서 될 대로 되라는 식으로 행동하다가 주변 사람들로부터 고립되는 경우도 많다.

한편, 상사의 입장에서는 '그렇지 않아도 실적이 좋은데, 칭찬을 하게 되면 주변 사람들의 반감을 사지 않을까?', '실적이 좋다는 사실만으로도 충분한 평가를 받고 있으니, 굳이 내가 나서서 칭찬하지 않아도 되겠지'라는 생각을 하기도 한다.

그러나 실적이 우수한 사람일수록 칭찬을 듣지 못해 불만을 갖고 있는 경우가 많다. 앞서 말한 상사의 배려나 주위 사람들의 우려 섞인 목소리가 우수한 인재의 의욕을 꺾어버릴 수 있으며, 칭찬받지 못하는 것에 대한 소외감을 느끼게 할 수도 있다.

바꿔 말하자면, 이는 회사가 뛰어난 실적을 올리고 있는 사람을 외롭게 만드는 것일 수도 있다. 이들이야말로 응원의 메시지와 칭찬을 언제나 기다리고 있다는 것을 잊지 말아야 한다.

실적 1위를 칭찬하는 효과는 상당히 크다

'실적이 뛰어난 사람일수록 자신만의 노하우가 알려지는 것을 두려워할 것이다. 뭐든지 비밀로 감춰두길 원할 것이다'라고 생각하기 쉽다. 그러나 실은 전혀 그렇지 않다. 오히려 영업 실적이 뛰어난 사람일수록 자신의 영업 노하우를 주변 사람들에게 알리고 싶어 한다. 또 실적이 뛰어난 사람은 라이벌이나 부하직원과 같이 경쟁에서 이겨야 하는 상대에게도 상당히 개방적이다. 반대로 노하우를 감추고 있다면 아직 최고의 자리에는 오르지 못한 단계라 할 수 있다.

실적은 1위이지만 주변에서 이를 인정해주지 않아서 자신이 최고라는 생각을 갖지 못하는 사람 역시 자기 노하우를 감추게 된다. 만약 이 사람에게 "대단한데! 이번 매출 실적이 1위네!"라고 칭찬하면서 최고라는 사실을 인정해주게 되면, 갑자기 자신의 노하우를 공개하고 후배 양성에 힘쓰기 시작할 수도 있다.

실적이 1위인 사람의 입장에서 보면 자기만의 노하우를 통해서 사람들이 성공을 거둔다는 것은 엄청나게 큰 기쁨일 것이다. 주변 사람들 또한, '실적 1위'의 의견과 노하우이기 때문에 열심히 귀를 기울일 것이다. 예를 들어 실적이 저조한 사람이 직원 교육을 받은 후에 회사로 돌아와, "교육 내용이 정말 좋았어"라고 말하는 것보다 실적이 우수한 사람이 "이번 연수는 정말 좋았어"라고 말할 때가 직원들의 관심을 고조시킨다. 그 이유는 실적 1위가 "좋다"라고 말한 것은 그만큼의 가치가 있다고 생각하기 때문이다.

조직의 생산성을 높이고자 할 경우에 실적이 부진한 사람만을 신경 쓰게 되는 경우가 많다. 하지만 이럴 때야말로 '실적 1위'가 회사에서 활약할 수 있게 해야 한다. 이를 위해서는 '실적 1위'의 의욕을 높일 수 있는 효과적인 칭찬 방법이 무엇인지 알고 있어야 하며, '실적 1위'를 활용하는 경영 시스템이 체계적으로 만들어져야 한다.

더 많은 가능성을 깨닫게 해주는 칭찬이 필요하다

실적이 뛰어난 사람을 효과적으로 칭찬하게 되면 성공 노하우를 주변 사람들이 공유할 수 있게 된다. 따라서 '실적 1위'를 칭찬할 때에는 그가 자신의 노하우를 공유해도 되겠다는 생각이 들도록 만들어야 한다. 다시 말해 주변 사람들까지도 함께 발전할 수 있게 칭찬하는 것이다.

"자네는 참 본받고 싶은 사람이야", "자네는 참 모범적인 사람이야", "다른 직원들의 모범이 되어주게"라는 말은 상대방의 능력을 인정하고 믿고 있다는 '신뢰'의 뜻을 전하는 칭찬이다. 상대방을 칭찬함과 동시에 주변을 의식하게 만들기 때문에, 상대방이 자신의 강력한 DNA를 남기고 싶어 하는 본능을 이끌어낼 수 있다.

성과주의 직장에서 이처럼 실적 1위의 모범 사례를 공유하기 위해서는, '심리적 보수 = 칭찬'을 늘려야 할 필요가 있다. 실적이 가장 우수한 사람을 칭찬함으로써 얻을 수 있는 효과는 뛰어난 노하우의 공유만이 아니다. '당신은 더 잘할 수 있는 사람이며 더 많은 가능성이 있다'라는 사실을 깨닫게 해 의욕을 높일 수 있다.

우수한 사람일수록 현재 상태를 유지하기 위해서 필사적으로 버티다가 의욕이 소모되는 경우가 많다. 또한 실적이 뛰어난 사람은 주변 사람들로부터 칭찬을 듣지 못하기 때문에 스스로 자신의 의욕을 높여야 하지만, 자신 스스로를 긴장시키면서 의욕을 높이는 데에도 한계가 있다. 어느새 다음 목표를 찾지 못해 더 이상의 발전을 멈춰버리기도 한다.

실적이 뛰어난 사람에게 현재 실적보다 더 뛰어난 실적을 올릴 수 있다는 사실을 깨닫게 하기 위해서는, "다음에는 어떤 신화를 만들어 낼 거야?"와 같은 질문을 던지면서 이미 그 사람의 능력이 신화가 될 만한 수준이라는 사실을 전해본다. 그 밖에 '더 높은 정상이 기다리고 있다' 라는 뉘앙스를 풍기는 칭찬도 좋다. '전설', '성공', '탁월', '신화' 등과 같이 정상의 자리에 서 있는 사람의 자존심과 긍지를 자극하는 표현을 쓰는 것도 좋은 포인트이다.

과정이나 노력에 초점을 둔다

실적이 뛰어난 사람일수록 결과에 대한 칭찬을 듣는 경우는 있어도 과정에 대한 칭찬을 듣는 경우는 드물다. 따라서 노하우나 아이디어, 과정에 도달하기까지의 노력을 칭찬해준다면 상대방은 더욱 기뻐한다. 사람들이 '제대로 나를 지켜봐주고 있구나' 라고 받아들이기 때문이다.

특히 "A씨 특유의 영업 성과가 드디어 나왔네. 자네의 노하우는 지금까지 본 적이 없어. 참 참신하단 말이야. ~ 씨 특유의 노하우로 다른 직원들을 좀 키워줘"와 같이 '~ 씨 특유' 라는 표현을 써서 이름을 붙여주면 상대방의 가슴에 더 와 닿게 될 것이다.

이렇듯 자신이 고유 명사처럼 특별한 존재로 대접받고 있다는 생각이 들면, 자신의 존재를 인정해줌과 동시에 노하우에 대해서도 높은 평가를 받고 있다고 여겨 사기가 높아진다.

또한 질문을 활용한 칭찬 방법도 효과적일 수 있다. "이번에도 실적이 1위네. 그런데 비결이 뭐야? 몇 가지만 알려줘"와 같은 질문은 상대방을 칭찬하면서 결과적으로 상대방만의 노하우를 이끌어낼 수 있다.

"운이 좋다"라는 표현보다는 "운도 따른다"라고 표현한다

간혹 칭찬이라 생각하고 한 말이라도 실적이 뛰어난 사람에게는 화가 나는 말일 수도 있다.

예를 들어 "이번에는 정말 잘했군. 하지만 이 실적을 유지하려면 정말 힘들겠어", "어떻게 해서든 지금 실적을 유지하도록 노력해봐", "다음에 이 일을 넘겨받는 사람은 정말 힘들겠어" 등과 같은 표현은, 결코 상대방에게 불쾌감을 주려고 한 말은 아니지만 듣는 사람으로서는 기분이 나쁠 것이다. 상대방은 '그래. 나는 어쩌다가 운이 좋아서 노력 없이 실적 1위를 차지한 것에 불과해. 더 이상 좋은 실적은 기대할 수 없을 거야' 하며 자신에게서 더 이상의 가능성을 기대하지 못하게 될 것이다. 또한 '나는 노력이나 능력을 전혀 인정받지 못하고 있어'라고 느껴 자괴감에 빠질 것이다.

같은 의미로 "자넨 참 운이 좋아", "운이 좋아서 일이 잘 풀린단 말이야" 등과 같은 말도 상대방을 화나게 하는 표현이다. 예를 들어, 칭찬이라고 한 말이라도 상대방에게는 '어쩌다 일이 잘 풀린 거지, 노력에 따른 성과는 아니야'라고 들릴 수 있기 때문이다.

비슷한 표현이지만 "운까지 따르는 사람이야", "행운을 불러오는 사람이야"라는 말은 느낌이 전혀 다르다. 이러한 표현들은 '엄청난 행운을 불러오는 능력이 당신에게 있다'라고 해석될 수 있다. 즉, 상대방의 높은 능력을 인정하는 칭찬인 것이다. 듣는 사람으로서도 상당히 기분 좋은 칭찬이라고 할 수 있다.

공적인 칭찬과 사적인 칭찬을 달리 한다

서비스업이나 영업직에서는 실적이 우수한 직원을 발표하고 시상하는 시상식을 개최하는 경우가 많다. 시상식은 '조직으로서 당신을 칭찬합니다'라고 주지시킴으로써 수상자에게는 최고라는 의식을 부여시키고, 다른 직원들을 자극시키고자 하는 목적을 갖고 있다.

그러나 공적인 자리에서의 칭찬이 경우에 따라서는 효과가 없을 수 있다. 회사가 작은 조직이거나 일상적인 칭찬을 하는 경우, 특히 실적이 우수한 사람에 대해서는 공적인 장소에서 칭찬하는 것보다 사적인 자리에서 칭찬하는 편이 좋을 수 있다.

그렇지 않아도 실적이 뛰어난 사람을 회의 때 칭찬하거나 여러 사람들 앞에서 칭찬하게 되면, 주위 사람들의 질투나 시기심을 살 수 있기 때문이다. 상대방의 입장이 곤란해진다면 칭찬의 의미도 무색해진다.

사적인 자리에서 칭찬하는 방법으로는 직접 말하는 방법도 있지만 메일이나 카드 등을 활용하여 칭찬하는 방법도 있다. 특히 메일이 익숙한 젊은 세대들은 평상시에는 말이 없다가도 메일을 사용하게 되면 사람이 바뀐 듯이 수다스러워지는 경우가 많다. 직접 말하는 것보다 메일이 더 나은 사람이라면 메일로 칭찬을 하는 편이 진심을 담은 칭찬을 할 수 있다.

Point

실적이 가장 뛰어난 사람을 칭찬하는 법

- 실적이 가장 뛰어난 사람일수록 자주 칭찬한다.
- 실적 1위를 칭찬하는 효과는 상당히 크다.
- 더 많은 가능성을 깨닫게 해주는 칭찬이 필요하다.
- 과정이나 노력에 초점을 둔다.
- "운이 좋다"라는 표현보다는 "운도 따른다"라고 표현한다.
- 공적인 칭찬과 사적인 칭찬을 달리 한다.

 03 칭찬의 기술

나이가 많은 부하직원에게

예의를 갖춰서 자존심을 다치지 않게 한다

부하직원은 자신의 상사에게 예의와 경의를 잊지 않는 것이 중요한 기본 원칙이다. 이것은 상사가 자신보다 나이 많은 부하직원을 대할 때도 마찬가지이다. 대화를 나눌 때에는 서로 경어를 사용하고 예의를 갖고 대함으로써 상대방의 자존심을 세워줘야 한다. 서로가 대하기 편해야 일하기 좋은 직장 분위기를 조성할 수 있기 때문이다.

그런 의미에서 호명하는 방법에도 주의를 기울일 필요가 있다.

일반적으로는 부하직원이 직위는 있으나 자신보다 나이가

많을 때는 직함을 붙여 부르고, 나이가 자신보다 많으면서 평직원일 때는 성까지 붙여서 "○○○씨"라고 부르는 게 보통이다. 그런데 직함을 붙여 부를 경우에는 미묘한 어감의 차이가 생길 수 있으므로 조심해야 한다. 예를 들어 나이가 많은데도 아직 과장으로 승진하지 못한 '대리'가 있다고 하자. 만약 상사가 나이 어린 직원들 앞에서 무심코 그를 "김 대리"라고 부른다면 그는 공개적으로 자신은 과장에서 제외된 사람이라고 알리는 것 같아 기분이 나빠질 수 있으므로 유의해야 한다. 또한 직함을 붙일 때는 "~대리님"이라고 부르는 것이 좋다. 그냥 "~대리"라고 부른다면 하대하는 듯한 느낌을 줄 수도 있기 때문이다.

한편 자유로운 분위기의 회사에서는 닉네임을 불러주는 것을 더 선호하는 경우도 있다. 이러한 호명 방법은 상호간에 친밀감을 형성할 수 있고, 직원 간의 끈끈한 정이 생겨 회사 분위기를 화기애애하게 만든다.

단, 사람에 따라서는 자신을 우습게 생각한다고 받아들이는 경우도 있기 때문에 상대방의 성격이나 상호간의 관계, 직장의 분위기에 따라 호명 방법을 선택해야 한다.

사소한 것도 의견을 구함으로써 상대방의 자존심을 세워준다

특히 부하직원이 더 나이가 많은데 평직원이라면, 상사는 그의 자존심이 다치지 않도록 유의해야 한다. 그때 상사는 회사의 중요한 안건까지 의견을 구할 수는 없더라도, 작은 부분에서는 부하직원의 의견을 구하는 것이 좋다. 의견을 구한다는 것은 신뢰한다는 것을 의미하며, 이를 통해 상사는 자연스럽게 부하직원에 대해 감사의 마음을 표현할 수 있는 계기가 만들어진다.

예를 들어 당신이 "이번 회식은 어디서 할까요? 어디 좋은 데 없을까요?"라고 의견을 구했을 때, 연상의 부하직원이 "~라는 고깃집은 어떨까요?"라고 대답해줬을 때에는 "고맙습니다"라고 고마움의 뜻을 표현하자.

그리고 회식 후에는 "~ 씨가 좋은 식당을 소개해주신 덕분에 좋은 시간을 갖게 되었습니다. 고맙습니다"라고 다시 한 번 감사의 표현을 전달하는 것이 좋다.

감사의 표현뿐만 아니라 "~ 씨 덕분입니다"라는 말에는 상대방의 존재를 칭찬하는 의미가 내포되어 있어 듣는 사람을 기분 좋게 만든다.

한편 상대방이 나이가 많아서 업무를 진행하기가 어려운 경우에는 상대방과 의논해보는 것도 하나의 방법이 될 수 있다.

예를 들면 "사실 ~ 씨가 저희 부서에 계신 것이 감사하기도 하지만, 나이가 저보다 많으셔서 제가 심리적으로 부담을 느낄 때도 있습니다. ~씨는 어떻게 생각하세요?"라고 솔직하게 마음을 터놓고 의논하는 것이다. 서로 나이 때문에 상대방을 대하기 어렵다고 느끼면서도 생각을 터놓고 말하지 않은 상태라면, 이러한 문제를 상대방과 의견을 교환하거나 대화를 나누는 것도 좋은 방법이 된다. 생각을 터놓음으로써 상호간의 거리감을 좁힐 수 있으며, 서로에 대한 이해심이 생겨 마음이 통하는 관계로 발전할 수 있다.

요구 사항이나 의견은 칭찬한 다음에 말한다

"이제 고리타분한 업무 방식은 벗어나셔야죠. A씨도 참신한 아이디어를 내놓아야 할 때가 아닐까요? 그동안의 실적은 인정하지만 그것만으로는 더 이상 전망이 없습니다."

상사가 자신보다 나이 많은 부하직원에게 이렇게 말한다면 듣는 사람의 기분은 어떨까?

부하직원은 십중팔구 "고리타분한 방식을 버리라"고 한 말이 가장 가슴에 강하게 와 닿아 정작 상사가 하고자 했던 말, "앞으로 더욱 참신한 아이디어가 필요하다"라는 말은 생각할

겨를도 없이 공중에서 날아가버릴 것이다.

반대로 같은 말을 하더라도 칭찬을 먼저 하게 되면 느낌이 전혀 달라진다.

"지금까지 보여준 ~ 씨의 활약상은 저로서는 흉내도 못낼 만큼 대단하십니다. 앞으로도 또 다른 노하우로 저희 팀의 실적을 더욱 더 올려주실 것이라 기대하고 있습니다."

이런 말은 상대방에게 거부감 없이, 아니 오히려 의욕적으로 업무에 임하게 만들 것이다. 이렇듯 칭찬은 상대방에게 요구 사항이나 의견을 받아들이게 하는 힘을 갖고 있다.

자신보다 나이가 많은 부하직원에게는 요구 사항이나 충고를 전달하기는 어려운 법이다. 상대방의 단점이나 개선할 점을 말하기 이전에 먼저 칭찬을 한다면, 받아들이는 사람도 마음이 누그러져 어떠한 말도 받아들이기가 쉬워질 것이다.

경험, 취미, 가족을 칭찬한다

연장자의 강점은 '경험'이라고 할 수 있다. 따라서 그 점을 확실하게 인정해줄 필요가 있다. 예를 들어 "과연 베테랑다운 기술 실력이시네요", "저는 흉내도 못 내겠는걸요", "역시 연륜을 무시할 수 없다니까요", "대단하시네요. 젊은 사람들도 좀 본받았으면 좋겠어요"와 같이 경험을 칭찬하는 말은 듣는 사람으로서도 기분이 좋은 법이다.

또한 '~ 씨 특유의 노하우'와 같이 상대방의 이름을 붙여서 특유의 장점을 칭찬하는 것도 효과적인 칭찬 방법 중 하나이다. 이러한 표현은 상대방의 강점인 '경험'에 대해서 최고의 찬사를 보내는 것이다.

경험뿐만 아니라 업무 외에 상대방이 신경 쓰고 있는 부분, 즉 취미나 가족을 칭찬하는 것도 좋은 방법이다.

예를 들어 골프가 취미인 사람에게는 "골프가 싱글 수준이시라면서요? 다음에 기회가 있으면 꼭 한 수 가르쳐주세요"라고 상대방의 자존심을 세워주거나, 애완동물을 좋아하는 사람이라면 "강아지가 정말 예쁘네요"라는 말을 건넬 수도 있다. 또한 자식이나 부인에 대해서 자부심을 갖고 있는 사람이라면 "아드님이 참 잘 생기셨어요", "사모님이 참 미인이시네요"라고 칭찬을 할 수 있다.

특히 중장년층 남성들 중에는 부인을 자랑으로 여기는 사람들이 의외로 많다. 듣는 사람으로서는 쑥스러울지 몰라도 기분이 나쁘지는 않을 것이다.

이와 같은 칭찬 방법을 활용해보면 "따님이 예쁘네요"라고 말했을 때, "고맙습니다"라는 답을 이끌어낼 수 있다. 이러한 대화는 친밀감을 만들어내기 때문에 업무를 진행하기도 편해진다.

  칭찬은 아니지만, 휴대 전화에 아이들의 사진을 저장해 놓은 사람에게 "자제분들 사진 좀 볼 수 있어요?"라고 말을 건네면서 사진을 본다거나, 또 자식이 명문대에 다니고 있는 경우라면, "글쎄, ~ 씨 자제분은 ~ 대학에 다닌대요"라고 제삼자에게 말하는 식으로도 대화를 이어나갈 수 있다.

  이처럼 상대방의 애정이나 자존심을 효과적으로 자극하여 편안한 관계를 구축하는 것도 중요하다. 이를 위해서는 상대방이 어떤 취미를 갖고 있는지, 어떤 대화를 좋아하는지를 평소에 관찰할 필요가 있다.

모든 사람들이 젊다는 표현을 좋아하는 것은 아니다

  나이가 많은 사람한테 "젊으시네요"라고 말하는 경우가 있다. 그러나 젊다는 말을 듣고 좋아하는 사람도 있는 반면, '바보 취급한다'고 생각하는 사람도 있다.

  칭찬하려고 한 말일지라도 상대방은 '나를 우습게 생각하는군', '젊은 사람들과 똑같이 취급하다니', '내가 늙었다는 건 나도 잘 알고 있어. 입에 발린 말을 하는군' 하고 못마땅해할 수도 있다.

  같은 말이라도 사람에 따라 칭찬으로 받아들일 수도 있고 비난으로 받아들일 수 있으므로, 젊다는 말은 그 사람의 기호나 성격 등을 파악한 후에 해야 할 것이다.

젊어 보이게 꾸미는 사람이나 화려한 옷이나 소품을 선호하는 사람은, 젊어 보이거나 젊다는 사실을 인정받고 싶어 하는 경향이 있다. 이런 사람들에게는 나이가 어린 사람을 예로 들면서 "저 사람보다 ~ 씨가 훨씬 젊고 힘이 넘쳐 보이시는걸요!", "빨간색이 잘 어울리시네요. 젊다는 증거세요"와 같이 칭찬해보자.

Point

나이가 많은 부하직원을 칭찬하는 법

- 예의를 갖춰서 자존심을 다치지 않게 한다.
- 사소한 것도 의견을 구함으로써 상대방의 자존심을 세워준다.
- 요구 사항이나 의견은 칭찬한 다음에 말한다.
- 경험, 취미, 가족을 칭찬한다.
- 모든 사람들이 젊다는 표현을 좋아하는 것은 아니다.

04 칭찬의 기술

나이 어린 상사에게

나이를 의식하지 않는다

상사가 자기보다 나이가 어린 경우에는, 나이를 의식하지 않고 오히려 연장자를 대한다는 마음으로 상대방을 대해야 한다.

특히 칭찬할 때 '이 사람은 나보다 젊지만 일단 상사니까'라고 의식하게 되면 표현이 어색해지거나 부자연스러운 행동을 취하기 쉽다. 상대방이 상사라는 점만을 고려하고 나이에 대해서는 아예 의식하지 않는 편이 자연스러운 인간관계가 형성될 수 있다. 대화를 나눌 때에는 높임말을 사용하고, 과도하게 친밀감을 나타내지 않도록 절도 있게 상대방을 대해야 한다.

상사 역시 자신이 더 어리다는 점을 의식하고 불편해하고 있을 것이다. 연장자인 사람이 먼저 나이를 의식하지 않고 '나는 부하직원이며, 상대방은 어디까지나 상사이다' 라는 마음가짐으로 상사를 대한다면 나이 어린 상사도 마음을 놓고 연장자에 대한 배려와 존경을 나타내게 될 것이다.

명확한 사실에 대해서 칭찬한다

자신보다 어린 상사를 칭찬할 경우, 동료나 주변 사람들이 이를 어떻게 생각할지 신경 쓰일 수 있다. 이러한 경우에는 사실 관계가 명확한 부분을 칭찬하면 주변의 눈초리를 의식하지 않아도 된다.

예를 들어 "~ 팀장님의 이번 판단은 정확하고 훌륭했습니다", "팀 전체가 하나가 될 수 있었던 것은 모두 ~ 팀장님 덕분입니다"와 같은 칭찬 방법은, 칭찬하는 사람도 말하기가 어색하지만 칭찬을 듣는 사람도 왠지 쑥스럽게 된다.

그에 비해 "~ 팀장님의 프로젝트팀이 이번에 사장님 표창을 받으셨다니, 축하드립니다", "정확하고 올바른 판단이었다고, 다른 부서의 팀장님들도 감탄하십니다"와 같이, 있는 사실에 대해서 언급하게 되면 칭찬을 듣는 사람도 심리적 부담감을 느끼지 않게 되고, 주위 사람들도 사실인 만큼 자연스럽게 받아들이게 된다.

직함을 붙여 호명한다

최근 일본의 직장에서는 서양처럼 상사에게도 "~씨"라고 부르는 경우가 늘고 있다. 그것은 지시명령 계통이 상하관계에서만이 아니라 평등한 관계에서도 이루어지게 된 점이 큰 이유 중 하나이다. 그러나 아직은 나이가 많고 적음을 떠나 부하직원이 상사를 "~씨"라고 부르기는 어려운 것이 현실이다. 반면에 직함을 부르는 것은 어떤 상하관계라도 경의를 나타낼 수 있고, 그 자체만으로 칭찬이 되기도 한다.

다만, 단 둘이만 있는 사적인 자리에서는 "~씨"라는 표현이 마음을 터놓고 대화할 수 있고 인간관계가 돈독해지는 계기가 될 수 있을 것이다.

Point

나이 어린 상사를 칭찬하는 법

- 나이를 의식하지 않는다.
- 명확한 사실에 대해서 칭찬한다.
- 직함을 붙여 호명한다.

05 칭찬의 기술

신입사원에게

상대방에 대한 파악이 칭찬을 위한 밑바탕이 될 수 있다

"요즘 젊은 사람들은 도대체 무슨 생각을 하고 있는지 모르겠단 말이야."

20대 직장인이라면 들어본 적이 있을 것이다. 구세대가 보기에는 신세대들의 사고방식이나 기호가 자신들과 전혀 다르다고 느낄 수 있다. 그러나 원만한 인간관계를 구축하고 경영을 해나가기 위해서는 상대방이 무엇을 생각하고 있는지를 파악할 필요가 있다.

예를 들어 신입사원들이 인터넷에서 무엇을 보고 있는지, 어떤 잡지를 읽고 있는지, 어떤 게임을 좋아하는지, 어떤 연예인을 좋아하는지 등, 상대방의 생각이나 기호를 파악함으로써 모르는 부분보다 아는 부분을 늘려나갈 수 있어야 한다.

상대방을 파악하게 되면 칭찬할 소재를 더욱 쉽게 발견할 수 있고, 서로의 거리감이 사라지기 때문에 인간관계에도 도움이 된다.

상대방과 자연스러운 관계를 구축하기 위해서 서로의 공통점에 주목하는 것도 좋은 방법이다. 자칫하면 '요즘 젊은이들은 우리들과 달라' 하며 차이점만 의식하기 쉽지만, 취미나 관심사 중에는 공통점이 있을 수 있다. 좋아하는 스포츠, 저명인사, 음식 등의 공통점을 발견하는 것도 원만한 관계 구축을 위한 계기가 되며, 칭찬하기 위한 밑바탕이 되기도 한다.

이러한 점에서 볼 때 질문을 통해 가르침을 청하고, 알게 된 부분에 대해 감사의 뜻을 나타내는 방법은 매우 효과적이다. 영화를 좋아하는 사람에게는 "요즘 뭐 재미있는 영화 없어?", 게임에 관심이 많은 사람에게는 "요즘 인기 있는 게임이 뭔가?"와 같이 상대방이 자신 있어 하는 분야에 대해서 질문하는 것이다. 이때 상대방이 대답해주면 "고마워! 자네는 정말 모르는 게 없군", "어떻게 그렇게 잘 알아? 대단한걸"과 같이 감사와 관심을 나타내도록 하자. 감사를 전하고 관심의 뜻을 나타내게 되면 '말이 통하는 상사'라는 느낌을 줄 수 있다.

작은 성과라도 과정에 주목하여 칭찬한다

나이가 젊고 경력이 없는 사람은 소위 '베이비 스텝' 즉, 기본을 학습하는 단계에 있다고 말할 수 있다. 가능한 것보다 불가능한 것이 훨씬 많기 때문에 주변 사람들의 지원이나 지도가 필요한 단계이다.

우선 가르치는 사람은 상대방이 자신과는 달리 아직 미숙하고 앞으로 성장해나가는 단계에 있다고 인식해둘 필요가 있다. 가르치는 사람으로서는 당연히 할 수 있다고 생각하는 일도 '베이비 스텝'에 있는 사람에게는 어려운 일이어서 시간이 걸리거나 실수하는 경우가 많다. 예를 들어 전표 기입이든 계약이든 어느 한 가지라도 할 수 있게 된다는 것은 '베이비 스텝'에 있는 사람으로서는 대단한 발전이다.

만약 100가지 목표를 30가지밖에 이루지 못했던 사람이 35가지를 이루게 되었을 경우, "아직도 그것밖에 못해? 나머지 65가지는 어떡할 거야! 정말 한심하군!"이라고 말한다면 상대방은 좌절하고 말 것이다. 자신을 기준으로 삼지 말고, "대단해! 20퍼센트나 끌어올렸는걸!", "실수 없이 전표를 기입했군. 잘했어!", "계약을 따내는 비결을 찾았군. 이해가 빠른걸!"과 같이, 상대방의 기준에 맞춰서 칭찬해준다면 자신감을 얻게 되어 훨씬 의욕적으로 일할 수 있게 된다.

상대방의 의욕을 끌어올리기 위해서는 직접적인 결과로 이어지지 않는 일이라고 할지라도 업무 과정에 주목할 필요가 있다. "고객별 데이터 관리 방법을 어떻게 생각해낸 거야? 일목요연해서 좋은걸", "1주일 만에 70군데나 고객을 찾아간 거야? 대단한걸" 등과 같이 업무 과정에서 부하직원이 해낸 일을 칭찬해준다면, 그는 자신감과 만족감을 얻게 된다.

또한 수치나 사실에 대해서 구체적으로 칭찬하는 것도 포인트라고 할 수 있다. 상대방으로서는 "열심히 노력했네", "정말 노력하고 있구나"와 같은 애매한 말보다 자신이 해낸 명확한 사실에 대한 칭찬이 더 마음에 와 닿기 때문이다. 자신이 이만큼의 일을 해냈다는 달성 요인이 명확해지기 때문에 만족감도 더욱 커진다.

경력이 짧고 젊은 사원을 대할 때는 그의 아주 작은 발전일지라도 그냥 넘어가지 말고 칭찬해주며, 어떻게 자신감과 용기를 심어주고 의욕적으로 업무에 임하게 할 것인지를 의식하면서 칭찬해야 한다.

칭찬의 달인은 질책도 칭찬처럼 들리게 한다

신입사원은 업무에 익숙하지 않기 때문에 당연히 실수도 많은 법이다. 지도하는 입장으로서는 실수나 잘못을 지적하여 이를 개선하고자 하는 경우가 많다. 그러나 단 한 번의 실수에도 화를 낸다면 상대방은 위축될 수밖에 없다. 실수가 없어지기는커녕 더 많은 실수를 저지르게 될 수도 있다.

예를 들어 공을 연못에 빠뜨려서는 안 된다고 의식하면서 골프를 치게 되면, 오히려 공이 연못에 빠질 확률은 높아지게 된다. 실수를 해서는 안 된다고 의식하는 경우도 마찬가지이다. 오히려 과도한 긴장을 불러일으켜 실수를 저지르게 된다.

또한 덮어놓고 화부터 내는 상사에게는 바로 반발하거나 의기소침해지는 사람들도 적지 않다. 무조건 화부터 낸다면 상대방은 말을 받아들이지도 못할뿐더러 아예 상사의 말을 듣고자 하지 않을 것이다.

젊은 사람에게 충고하고 싶은 말이나 고쳤으면 하는 부분이 있다면, 먼저 칭찬을 한 다음에 지적 사항을 전달해보자. 자신의 부족한 부분을 기꺼이 되짚어 볼 것이다.

예를 들어 머리카락을 검게 물들였으면 하는 경우에 "뭐야! 그 머리는! 당장 검게 물들이고 와!"라고 한다면 상대방은 반항심을 갖게 되어 절대 염색하지 않을 것이다.

반대로 "자네는 반듯한 인상이라서 검은 머리가 더 어울려", "자네는 얼굴이 뽀얗고 패션 감각이 좋아서 검은 머리가 더 인상이 좋아 보일 거야"와 같이 우선 칭찬을 한 다음에 요점을 전한다면 상대방도 거부감 없이 받아들일 수 있게 된다. 이와 같은 표현이야말로 상대방의 의욕을 끌어올리게 되어 긍정적인 행동 변화를 기대할 수 있게 만든다.

질책한다는 것은 상대방의 생각 자체를 부정하는 것이 아니라 더 나은 방향으로 발전할 수 있도록 바로 세워주는 것을 의미한다. 우선 칭찬을 통해 상대방의 마음을 연 다음에 단점을 말하는 것이 효과적인 질책 방법이다. 칭찬을 통한 질책은 젊은 사람들의 잠재 능력을 이끌어낼 수 있는 효과적인 방법이다.

미래보다는 현재를 칭찬한다

확실한 미래의 비전이나 꿈을 갖고 있는 젊은이들에게는 그 꿈을 칭찬하는 것이 효과적이다.

그런데 젊은이들을 칭찬할 때는 대체로 그들의 '가능성'을 칭찬하기 쉽다. 예를 들면 "자네는 젊으니까 가능성이 있어", "미래가 촉망되는 젊은이야" 등과 같이 다가오는 밝은 미래에 초점을 맞춰 말하는 경우가 그것이다.

그러나 요즘 젊은이들은 장래를 비관하는 경향이 있다. 따라서 가능성을 가지고 칭찬해도 얼른 마음으로 와닿지 않는다는 사람도 적지 않다.

그런 의미에서 젊은 사람에게는 앞으로의 가능성보다 오히려 지난 과거를 칭찬하는 것이 하나의 방법이 될 수 있다. 예컨대 "자네는 입사한 지 1년 만에 ~도 배웠고 ~도 습득했군. 참 많은 걸 해냈어"와 같이 짧은 기간 동안 얼마나 많은 것을 이루어냈는지, 무엇을 할 수 있게 되었는지를 칭찬하는 것이다.

마찬가지로 현재 상태를 칭찬하는 것도 효과적이다. "대단한걸", "젊은 나이에 이만큼 해낼 수 있다니. 참 대단하네", "내가 자네 나이 때는 그만큼도 못했어. 정말 대단해"와 같이 현재 하고 있는 일에 초점을 맞추어 칭찬해준다면 상대방은 자신감을 얻게 된다.

젊은 사람들에게는 막연한 미래에 대해 칭찬하는 것보다 구체적인 실적이나 현재 상태를 칭찬하는 편이 그들이 더 칭찬을 현실적으로 받아들일 수 있게 만든다.

개성적이라는 표현은 오히려 개성이 없다는 느낌을 줄 수 있다

젊은 사람을 칭찬할 때 흔히 사용하는 표현이 '개성적'이라는 말이다. 그러나 "자네는 참 개성적이군"은 막연한 칭찬에 불과하다.

말하는 사람은 칭찬이라고 한 말일지라도, '단지 좀 특이할 뿐', '남들과 다를 뿐'과 같이 일종의 선긋기에 불과한 의미처럼 느껴져 오히려 개성이 없다는 뜻으로 받아들일 수 있다.

따라서 개성적이라는 표현을 사용할 때에는 어떻게 개성적인지, 무엇이 개성적인지를 구체적으로 표현할 필요가 있다. "패션 감각이 개성적이군", "업무 진행 방식이 개성적이군", "서류 스타일이 개성적이군"과 같은 칭찬은 단순히 "개성적이군"이라는 말보다 구체적인 표현이기 때문에, 듣는 사람도 '이 사람은 나를 유심히 보고 있구나'라고 느끼게 된다.

Point

신입사원을 칭찬하는 법

- 상대방에 대한 파악이 칭찬을 위한 밑바탕이 될 수 있다.
- 작은 성과라도 과정에 주목하여 칭찬한다.
- 칭찬의 달인은 질책도 칭찬처럼 들리게 한다.
- 미래보다는 현재를 칭찬한다.
- 개성적이라는 표현은 오히려 개성이 없다는 느낌을 줄 수 있다.

06 칭찬의 기술

비정규 직원에게

대화를 통해 상대방의 불만을 없앤다

파견직, 계약직, 파트타임직과 같은 비정규직에 대해서는 입장이나 처한 상황을 이해하면서 대할 필요가 있다.

비정규직은 일반적으로 성과와 상관없는 '시급 얼마'의 세계이기 때문에, '어차피 열심히 일해도 시급이 오르는 것은 아니니까 무리해서 일하지 말자'라고 생각하여 의욕이 떨어져 있거나, '정규 직원보다 내가 더 열심히 일하는데 정규 직원들만 좋은 평가를 받는단 말이야'라고 불만을 갖고 있는 경우가 많다.

많은 비정규 직원들은 기술을 열심히 배워 그 분야의 전문가 못지 않은 능력을 갖고 있다. 그래서 업무 능력이 뛰어난 사람은 여러 가지 일을 맡게 되는 경우가 많다. 그러나 회사 내 직접적인 이득이나 성과를 내는 근로 형태가 아니기 때문에 업무량이 늘어남에 따라 점점 그에 대한 보상이 부족하다고 느끼게 된다. 따라서 스트레스를 가장 많이 받는 사람들이라고도 말할 수 있다.

기본적으로 경제적인 보수가 보상되지 않는 사람들에게는 심리적인 보수로써 노동 의욕이나 심리적인 의욕을 환기시켜야 한다. 즉, 칭찬과 감사, 기쁨의 공유가 포인트라고 할 수 있다.

"자네가 있어서 정말 다행이야", "~해줘서 정말 고맙네", "자네는 믿고 맡길 수 있단 말이야"와 같이 위로의 말이나 감사의 뜻을 직접 전하는 것이 중요하다. 특히 비정규 직원들은 근무 시간이 정해져 있는 경우가 많기 때문에, 시간을 초과해서 일했을 때에는 "자네가 남아서 일해준 덕분에 정말 도움이 됐어"라는 말을 해주면 스스로 자신의 업무에 만족할 것이며, 누군가 자신을 지켜봐준다는 느낌, 인정받았다는 느낌이 가슴에 와 닿을 것이다.

비정규 직원이 '나는 이 직장에서 없어서는 안 되는 일원이구나'라고 생각할 수 있도록 매일 아침 먼저 인사해보자.

라이프스타일에도 칭찬할 부분이 숨어 있다

파견직이나 파트타임직은 남성보다 여성의 비중이 클 것이다. 그 중에는 성격이 털털한 여성도 있겠지만 감수성이 예민한 여성들이 더 많다. 이런 점에 포인트를 두어 이들을 칭찬할 때에는 구체적인 부분을 칭찬하는 것이 좋다.

"목소리가 밝아서 기분이 상쾌해진단 말이야. 직장 분위기가 더 사는 것 같아", "~ 씨가 준비한 서류는 내용도 읽기 쉽고 깔끔하게 정리되어 있어서 일이 한결 수월해"라는 식으로 그 사람만의 장점을 구체적으로 칭찬하자.

이를 위해서는 역시 관찰력이 요구된다. 누군가와 대화를 나누고 있을 때의 표정, 책상 앞에서 묵묵히 작업을 하고 있을 때의 모습 등, 실제로 일하고 있는 모습을 보면서 칭찬하기 위한 요소들을 찾아내야 한다.

그리고 비정규 직원의 경우, 라이프스타일에 주목해보면 칭찬할 부분을 찾을 수 있다. 개인적인 시간을 갖기 위해서 파트타임 근무 형태를 선택한 사람들도 많을 것이다. 또 해외여행이나 다이빙을 즐기기 위해서 휴가를 받기 힘든 정규직이 아닌 파견직을 선택했거나, 아이가 성장할 때까지는 정규직으로 일하기 싫어서 비정규직을 선택한 경우 등과 같이, 우선시 하고 있는 취미나 개인적인 사정이 있을 수도 있다.

이러한 부분을 화제로 이끌어내어, 만약 해외여행이 취미인 사람이라면 "어떤 곳에 가보셨어요?", "대단하네요. 저도 가보고 싶네요"와 같이 자신이 감탄한 부분을 솔직히 말한다.

또한 가정의 수입이 넉넉하여 굳이 자신이 일할 필요가 없음에도 불구하고 사회에 나아가 자신의 존재를 증명해 보이기 위해 파트타임직으로 일하는 사람도 있다. 이러한 사람은 상당히 긍정적인 마인드를 갖고 있기 때문에 "뭐든지 할 테니까 말씀해주세요"라고 말하면서 지나칠 정도로 일을 열심히 하는 경향이 있다.

이와 같이 자신의 능력을 맘껏 발휘하고자 하는 사람이라면, "~ 씨는 능력이 대단하신 것 같아요. 뭐든지 부탁할 수 있어서 많은 도움이 됩니다"와 같이 칭찬하는 방법도 좋다.

이러한 칭찬은 '나는 당신에게 관심을 갖고 있습니다', '항상 지켜보고 있습니다'라고 상대방을 인정하는 표현이기도 하다. 칭찬을 듣는 사람으로서는 자신의 존재를 인정받았다고 느끼게 될 것이다.

"만약, 노력한다면" 이라는 말을 함부로 쓰지 않는다

시간을 마련하여 이야기를 들어주는 것도 상대방을 인정한다는 표현이 될 수 있다. 시간을 마련하여 일대일로 대화를 나눈다는 자체가 이미 '당신은 이 조직의 중요한 일원입니다'라는 의미를 나타낸다. 가끔 또는 정기적으로 대화를 나눌 기회를 마련하는 것도 상사로서의 중요한 자질이다.

또한 "잘 되어 가고 있습니까?", "일하는 데 어려운 점이 있으면 저에게 말씀해주세요"라는 말을 건네거나, 위로와 감사의 뜻을 전함으로써 평소 근무 상태를 칭찬한다.

반대로 "노력하면 정직원이 될 수 있습니다"와 같은 말은 칭찬으로 받아들여지지 않을 수 있기 때문에 주의할 필요가 있다. 상대방이 정직원이 되고 싶다는 생각을 갖고 있다면 상관이 없지만, 정직원이 아닌 근무 형태를 선호하는 경우도 많기 때문이다.

또한 "열심히 일하면 정직원이 될 수 있도록 추천해볼게요"라는 말도 문제가 있다. 협박하고 있다는 느낌을 줄 수 있을 뿐만 아니라 '열심히 일하면'이라는 조건이 포함된 표현이기 때문에, '지금 현재 당신은 열심히 일하고 있지 않습니다'라는 의미로 받아들여질 수 있다.

파견직이나 파트타임으로 일하는 사람들에게, "정직원이 될 수 있어요"라는 말은 칭찬이 될 수 없는 경우가 많다. 오히려 "앞으로 오랫동안 이 직장에서 일해 주셨으면 합니다"라고 말하는 것이 상대방에게는 더욱 기분 좋은 표현이 될 것이다.

Point

비정규 직원을 칭찬하는 법

- 대화를 통해 상대방의 불만을 없앤다.
- 라이프스타일에도 칭찬할 부분이 숨어 있다.
- "만약, 노력한다면"이라는 말을 함부로 쓰지 않는다.

07 칭찬의 기술

성공한 경영자나 사업가에게

경험담이나 자랑거리를 화제로 이끌어낸다

자신의 화려했던 과거나 자랑거리에 대해서 말하는 것을 좋아하는 사람이 있다. 듣는 사람으로서는 그다지 재미없을 수도 있지만, 말하는 사람은 의기양양하게 자랑을 하게 되는 법이다.

사실 정상에 있는 사람일수록 과거의 성공담에 대해서 말하고 싶어도 누군가가 관심을 갖고 들어주는 경우가 거의 없다. 성공한 사람이기 때문에 자랑하고 싶은 에피소드가 한두 가지는 있기 마련이다. 바로 그 점을 잘 이용하여 유쾌하게 대화를 나눌 수 있는 분위기를 만들어본다.

경험담이나 자랑거리를 이끌어내기 위해서는 "어떤 학생이셨어요?", "중학교 시절에는 어떠셨어요?", "초등학교 때는 어떤 학생이셨어요?", "어린 시절에는 어떠셨어요?"와 같이 과거에 초점을 맞추어 질문을 한다. 이런 사적인 질문을 하는 이유는 비즈니스에 관한 이야기나 미래의 비즈니스 전망과 같은 이야기를 화제로 삼게 되면 질문자가 내용을 잘 이해하지 못하는 경우가 있기 때문이다. 그러나 학창 시절이나 어린 시절에 관한 이야기라면 같은 세대가 아니더라도 공통적인 경험담이 많을 수 있기 때문에 공감하기 쉽고 칭찬하기도 쉽다.

또한 "대단하시네요!", "역시!"와 같은 감탄사를 연발하면서 귀를 기울이게 되면, 대부분의 경우에 상대방으로부터 더 많은 이야기를 이끌어낼 수 있다. 이처럼 맞장구를 치는 것만으로도 대화가 성립되는 경우가 적지 않다. 아마도 대화가 끝나고 헤어질 무렵에는 상대방이 "오늘은 정말 즐거웠습니다. 감사합니다" 하면서 감사의 뜻을 나타내게 될 것이다.

"훌륭하시네요!"라고 칭찬하는 것보다 상대방이 자랑으로 삼고 있는 부분을 화제로 이끌어내서 들어주는 편이 결과적으로는 상대방의 자존심을 세워줄 수 있다. 자랑거리를 화제로 이끌어내는 것은 최고의 칭찬 방법이다.

몇 해 전, 생명 보험 영업자들을 대상으로 강연을 했을 때, '경영자에게 그들의 경험담을 직접 듣고 오기'라는 과제를 낸 적이 있다. 그러자 실적이 저조했던 직원이 갑자기 계약을 성사시킬 수 있게 되었다. 그동안 보험 상품을 파는 일에만 급급하여 상대방의 이야기에 귀를 기울이지 않았다는 점을 깨닫고 반성했기 때문이다.

한편으로 이는 기업 간부들이 얼마나 자신의 이야기를 들려주고 싶어 하는지를 보여주는 좋은 사례라고 할 수 있다.

상대방이 유쾌한 기분으로 말할 수 있게 하기 위해서는 칭찬하는 것보다 "그래서 어떻게 되었어요?", "어렸을 때는 어떠셨어요?"와 같이 짧은 문장으로 많은 질문을 던지는 것이 포인트이다.

단, 학창 시절에 관한 이야기를 물을 때에는 '대학'에 대해서는 언급하지 않는 편이 좋다. 중졸 또는 고졸이라는 사실을 숨기고 싶은 사람도 많기 때문이다.

'대학'이라는 말보다는 '학창 시절'이라는 표현을 사용하고, 고등학교 졸업 이후에 관한 질문을 할 때에는 "그 후에는 어떠셨어요?"라고 질문하는 것이 현명하다.

상대방이 존경하는 인물을 칭찬한다

학창 시절이나 어린 시절에 대한 질문과 마찬가지로 존경하는 인물이 누구인지를 질문하는 것도 효과적이다.

"혹시 경영인이나 저명인사 중에 존경하는 분이 계십니까?"라고 질문을 해보자. 상대방이 "~을(를) 존경합니다"라고 대답했다면, 이때 "역시!", "그렇군요!"라고 맞장구를 치면서 더 많은 이야기를 이끌어내도록 한다.

이 방법을 사용하면 대부분의 경우, 그 인물을 존경하는 이유나 그의 업적, 일화 등에 대해서도 언급하게 된다.

단, 여기서 주의할 점은 말하는 사람의 일방적인 대화라 할지라도 열심히 귀를 기울여야 한다는 것이다. 이야기를 건성으로 듣다가는 상대방의 말 구석구석에 칭찬할 소재가 숨어 있다는 사실을 알아차리지 못한 채 칭찬거리를 놓치기 쉽다.

또한 존경하는 인물과 자신을 동일시하고 있는 사람인 경우에는 "맞아요. ~ 씨의 도전정신은 정말 대단했어요"와 같이 상대방이 존경하는 인물을 칭찬하면 상대방은 자신이 칭찬받고 있다고 느낀다.

상대방의 말에 귀를 기울이면서 감동과 감탄을 전하고, 적합하게 칭찬할 소재와 기회를 찾는 것이 칭찬의 포인트이다.

경영자를 칭찬할 때는 사무실 주위를 주의 깊게 본다

존경하는 인물 이외에도 소중히 간직하고 있는 물건이나 애정을 갖고 있는 일, 재산, 소유물 등을 칭찬하는 것도 '칭찬의 달인'이 되기 위한 하나의 기술이다.

사장실 어딘가에 골프용품이 놓여 있다면 골프, 그림이 걸려 있다면 그림, 또한 재산이나 소유물 중에 건물이나 사무실, 차량 등에 대해서 칭찬하는 것도 좋은 방법이다.

사장실에 놓여 있는 도자기나 표창장, 또는 돈을 투자했다고 보이는 부분을 잘 찾아 그것을 칭찬거리로 삼을 수 있다. 이것이 어렵다면 단순히 '보여주기 위해서 꾸몄다', '보여주기 위해서 돈을 투자했다'고 생각하면서 칭찬거리를 찾는다면 훨씬 쉽다.

"훌륭한 도자기네요", "사무실이 정말 멋지네요"와 같은 말은 상대방을 기쁘게 만든다.

그리고 책장을 주의 깊게 살펴보자. 진열되어 있는 책을 보면 대개 그 사람의 기호나 취미를 알 수 있다. 기술직 출신인지, 경영에 관심이 있는지, 인재양성에 관심이 있는지 등, 책장에는 상대방을 파악할 수 있는 여러 가지 힌트가 숨겨져 있으므로 이를 놓쳐서는 안 된다.

또한 '인증서' 같이 자신이 잘 모르는 것이 벽에 걸려 있다면 "이건 뭐지요?"라고 질문한다. 상대방에게 말할 기회를 주는 것 역시 그의 경험담을 이끌어내는 계기가 된다.

한편 경영이념, 성공철학, 영업 비결 등을 질문하는 것도 하나의 방법이다. 이러한 경우에는 "사장님이 이러한 회사를 창립하실 수 있었던 성공 비결이 뭔지 가르쳐주십시오"라는 식으로, '사업의 성공', '발전의 초석' 등과 같이 자존심을 높여줄 수 있는 말을 사용하여, 상대방을 성공한 사람, 우수한 인재로 인정하면서 질문하는 것이 포인트이다. 질문 자체가 이미 칭찬이기 때문에 상대방과의 풍부한 대화를 이끌어낼 수 있다.

입 발린 아부는 들통이 나기 마련이지만, 긍정적인 의미의 칭찬은 상대방의 자존심을 세워주고 유쾌한 대화를 이끌어내기 위한 하나의 방법이다.

Point

성공한 경영자나 사업가를 칭찬하는 법

- 경험담이나 자랑거리를 화제로 이끌어낸다.
- 상대방이 존경하는 인물을 칭찬한다.
- 경영자를 칭찬할 때는 사무실 주위를 주의 깊게 본다.

 칭찬의 기술

장인정신이 강한 전문가에게

직접적인 칭찬은 경계심을 불러일으킬 수도 있다

일식 요리사가 카운터 건너편에서 능수능란하게 생선을 회치고 있다고 하자. 이를 본 손님은 "대단한 솜씨네요"라고 말하기 쉽다. 그러나 상대방의 입장에서는 이미 '장인(匠人)'의 경지에 도달해 있기 때문에 '자기가 뭘 안다고 말하는 거야? 잘 알지도 못하는 주제에 나서는 거야?' 하면서 내심 기분 상해할 수도 있다.

장인정신이 강한 사람들은 자신의 전문적인 지식이나 기술에 대해 상당한 애정을 갖고 있기 때문에 자존심이 강하다. 자칫 잘못 칭찬하면 '뭔가 딴 생각이 있는 거 아니야?', '자기가 뭔데 나한테 칭찬이야 하면서 오히려 경계심을 불러일으켜 마음을 닫게 만들 수도 있다.

따라서 장인정신이 강한 사람을 칭찬할 때에는 본인을 직접 칭찬하지 않는 방법을 사용하는 것이 더 좋다. 즉, 본인이 아닌 도구를 칭찬하는 것이다.

일식 요리사의 경우에는 "정말 훌륭한 칼이군요!"와 같이 칼을 칭찬한다. 이러한 표현은 '당신은 평소에도 아무 칼이나 쓰지 않는 신념이 강한 요리사군요' 라는 찬사의 메시지가 될 수 있다. 장인정신이 강한 사람들에게는 이와 같은 간접적인 칭찬이 더 거부감이 없고, 자신이 칭찬받은 듯한 기분을 들게 한다.

또한 도구에 대한 칭찬은 도구에 관한 이야기를 화제로 이끌어낼 수 있다는 장점이 있다. 자신의 일에 자부심이 강한 사람들은 자신의 도구에 애정을 갖고 있기 때문이다. 이런 사람들은 자신의 도구가 시간이 많이 흘러 낡았다고 그냥 버리는 경우는 없다. 수리하거나 자기 나름대로 다시 고쳐 사용하는 경우가 대부분이다.

상대방의 도구를 칭찬하게 되면 애정이나 지식이 담긴 이야기를 이끌어낼 수 있고, 상대방 또한 자신의 이야기를 누군가가 관심 있게 들어준다는 사실 자체만으로도 기쁜 경험이 될 수 있다.

감탄이나 관심을 나타내는 표현으로 경의를 나타낸다

도구뿐만이 아니라 상대방의 관심사를 칭찬하는 방법도 효과적이다. "대단한 일을 하고 계시네요!", "저는 전혀 몰랐어요. 역시 아는 게 많으시군요!"와 같이 감탄과 관심을 나타내며 칭찬한다.

경영자를 칭찬할 때뿐만이 아니라 전문가를 칭찬할 때도 그 사람의 취미를 파악해야 한다. 상대방이 해당 분야의 전문가인 경우에는, 상대방이 정통한 분야와 내가 종사하고 있는 분야가 전혀 다른 경우가 많다. 전문가를 어설프게 칭찬했다가는 경계심을 유발하는 경우도 있기 때문에 조심스럽게 다가가야 한다.

그러나 비즈니스를 떠나 취미를 화제로 삼는다면, 같은 눈높이에서 대화할 수 있기 때문에 칭찬을 하기도 쉬워진다. 경영인을 칭찬할 때에는 책장을 주목해서 봐야 하지만, 책장이 없을 경우에는 책상 주변이나 갖고 있는 물건, 휴대 전화의 액세서리 등을 관찰하면서 취미나 기호를 찾아내도록 한다.

또한 IT관련 등 전문성이 강한 분야의 전문가인 경우에는 자격증을 가진 경우가 많다. 도구와 마찬가지로 자격증 또한 그 사람에게 있어서는 일종의 정체성이 될 수 있다.

제삼자가 볼 때 가치를 느낄 수 없는 자격증이라고 할지라도 상대방의 입장에서는 중요한 것이므로 그 부분에 주목하여 "국가 자격 인증번호 숫자를 보니 정말 빨리 자격증을 취득하셨나 봐요. 대단하시네요", "이 자격증은 정말 따기 어렵다고 들었어요"와 같은 관심을 나타내는 것이 좋다.

트집을 잡아 따져 묻는 듯한 질문은 하지 않는다

상대방에 대해 관심을 나타내는 것은 상대방을 인정한다는 뜻이고, 그것만으로도 효과적인 칭찬이 될 수 있다. 상대방의 전문 분야에 대해서 질문할 때에도, '나는 당신의 업무 처리 방식이 훌륭하다고 생각합니다. 비결에 대해서 알고 싶습니다' 라고 느낄 수 있도록 질문을 해야 한다.

그러나 사소한 말이나 말투가 상대방에게는 무례한 질문이 되는 경우가 있다. "어째서 그 기술을 배우신 겁니까?", "어째서 이 분야에 발을 들여놓으셨습니까?"라는 질문은, '그 기술을 배우지 말았어야 하는데 어째서 익혔느냐', '이 업계에 들어올 필요가 없었는데, 어째서 입문했느냐'와 같은 의미로 들릴 것이다.

그 이유는 '어째서' 라는 표현에는 따져 묻는 듯한 뉘앙스가 담겨 있기 때문이다. 즉, 말하는 입장에서는 그런 의도가 아니었음에도 불구하고, 상대방은 자신이 '추궁당했다', '비난당했다'고 받아들일 수 있다. 질문을 할 때는 '어째서', '왜'라는 말보다 '어떤 계기로', '어떻게'와 같은 말을 사용하는 것이 좋다. 예를 들어, "어떻게 그 기술을 익히셨어요?", "어떤 계기로 이 분야에 입문하셨어요?"와 같은 질문은 상대방을 긍정하고 관심을 두고 있다는 것으로 표현된다.

Point

장인정신이 강한 전문가를 칭찬하는 법

- 직접적인 칭찬은 경계심을 불러일으킬 수도 있다.
- 감탄이나 관심을 나타내는 표현으로 경의를 나타낸다.
- 트집을 잡아 따져 묻는 듯한 질문은 하지 않는다.

09 칭찬의 기술

분위기메이커인 사람에게

구체적인 칭찬은 역효과를 낳을 수 있다

그 자리에 있는 것만으로도 직장 분위기가 밝아지는 사람, 직장 내의 윤활유와 같은 존재, 회식에서 분위기를 잘 맞추는 사람은 상대방을 돕거나 즐겁게 해주는 능력이 뛰어나. 그 점에 대해서 '저 사람은 근본적으로 밝은 성격이니까'라고 당연시할 것이 아니라, 분위기를 잘 띄우는 부분을 높이 평가하여 칭찬해야 한다.

분위기메이커를 칭찬할 때는 막연한 표현을 사용하는 것이 포인트이다. "자네 덕분에 직장 분위기가 좋아", "자네는 참 따뜻한 사람이야", "자네의 상사라는 사실이 더없이 기뻐"와 같은 표현이 그 예라고 할 수 있다.

이 표현을 살펴보면 얼마나 직장 분위기가 좋아졌는지, 어떤 자리에서 어떤 행동을 한 점이 따뜻하다는 것인지, 왜 상사라는 사실이 기쁜지에 대한 구체적인 설명이 없다. 그러나 그 편이 '분위기메이커'라고 불리는 사람으로서는 자신의 존재를 인정받았다고 느낄 것이며 마음에 와 닿을 것이다. 왜냐하면 분위기메이커에게 구체적인 장점을 거론하면 '상사가 이런 점을 평가하고 있구나'라고 인식하여 '건설적인 사람이 되자', '좀 더 치밀해지자'고 다짐하게 된다. 이렇게 되면 그의 장점이었던 대담성은 어느새 사라져가고 인간적인 면까지 상실되어 슬럼프에 빠질 가능성이 있다. 즉, 칭찬이 오히려 역효과를 낳은 결과라고 할 수 있다.

화려한 표현, 의성어를 사용하여 칭찬한다

화려한 표현이나 의성어를 선호하는 것도 분위기메이커들의 특징 중 하나이다. "자네 덕분에 분위기가 확 밝아졌어", "실적이 쭉쭉 올라가는군"과 같이 느낌을 살려서 칭찬한다면 상대방도 자극을 받아 더욱 의욕이 생길 것이다.

또한 "이렇게 깔끔하게 업무를 처리하는 사람은 본 적이 없어. 아무도 따라할 수 없을 거야", "자네가 정말 빛나 보였어"

와 같은 칭찬은 자신이 유일한 존재라는 점, 다른 사람과는 다르다는 점을 알게 되어 기뻐할 것이다.

반대로 어떤 사람은 보이지 않는 곳에서 노력하거나 준비하기 때문에 빛을 보지 못하는 '공로자 역할'을 떠맡는 경우도 있다. 그런 사람에게는 열심히 노력하고 있는 부분, 즉 업무 처리 과정을 칭찬해주면 자신이 인정받았다는 느낌을 받아 의욕이 향상된다.

"이 데이터 정말 필요했는데, 어떻게 찾았어?", "자네한테 프레젠테이션을 맡기면 정말 믿을 수 있단 말이야"와 같이 업무 처리 과정에 초점을 맞추어 다소 과장해서 칭찬하는 편이 효과적이다.

사실을 진심으로 칭찬한다

위와 같이 칭찬을 과장해서 하는 것이 효과적인 경우도 있지만, 그렇다고 해서 결코 상대방을 치켜세우라는 것은 아니다. 농락하거나 없는 사실을 과장해서 말하는 것이 아니라 사실에 근거해서 진심으로 상대방을 칭찬해야 한다.

분위기메이커들은 기본적으로 사람들과의 인간관계가 원만하고 긍정적인 사고방식을 갖고 있다. "자네는 가정환경이 좋은가 보군", "자네 상사가 된 보람을 느끼네"와 같이 상대방의 인격과 존재를 칭찬하거나 정에 호소하는 표현을 사용하는 것도 좋다.

사실을 담담하게 칭찬하면서 악수를 하거나 어깨를 두드려 주는 등, 신체적인 인간관계를 이용하는 것도 좋다.

Point

분위기메이커인 사람을 칭찬하는 법

- 구체적인 칭찬은 역효과를 낳을 수 있다.
- 화려한 표현, 의성어를 사용하여 칭찬한다.
- 사실을 진심으로 칭찬한다.

10 칭찬의 기술

가족과 친구에게

나에게 당신은 중요한 존재라는 메시지를 보낸다

가족이나 친구 등 가까운 사람들은 공기와 같은 존재라고 인식하여 존재 사실을 당연시하는 경우가 많다. 또한 평소에 직접적으로 칭찬할 기회가 적은 것이 현실이다. 그 때문에 상대방은 '나는 가족들에게 무시당하고 있는 걸까?', '이 사람에게 나는 없어도 되는 존재일지도 몰라'와 같은 부정적인 생각에 사로잡혀 있을 수 있다.

가족이나 친구를 칭찬하는 이유는 직장에서와 같이 상대방의 의욕이나 자발성을 이끌어내기 위해서가 아니라 '당신을 인정한다'라는 메시지를 전달하기 위해서이다. 가까운 사람일수록 '나는 당신을 항상 존경합니다. 나에게 당신은 중요한 존재입니다' 라고 상대방을 인정하는 의미의 메시지를 전할 필요가 있다.

예를 들어 아내가 머리카락을 잘랐을 경우, 남편이 "헤어스타일이 달라졌네, 잘 어울려"라고 말을 건넨다면 적어도 그 순간만큼은 아내도 기분이 좋을 것이다.

특히 함께 사는 상대라면 머리스타일이나 옷차림새 등의 작은 변화에 지속적인 관심을 기울여야 한다. 일상생활 속에서 이와 같은 작은 변화도 놓치지 않고 자연스럽게 칭찬할 수 있는 마음가짐과 자세가 중요하다.

단, 가까운 존재인 만큼 입에 발린 말을 하게 되면 '뭔가 딴 꿍꿍이가 있는 거 아니야?' 라고 의심받을 수 있다. 칭찬할 수 있는 소재를 끊임없이 발견하여 진심으로 칭찬해보자.

유대감을 느끼게 하는 말과 행동을 한다

상대방에게 자연스럽게 응석을 부리는 것도 상대방을 인정한다는 메시지가 될 수 있다.

예를 들어 연금 생활을 하고 있는 부모님과 식사하러 갔을 때, 부모님이 식사비를 지불하고자 할 경우에는 부모님의 뜻대로 맡기자. 부모로서는 자식한테 맛있는 음식을 사 먹였다는 만족감을 느끼게 될 것이다.

부모의 입장에서는 '이 아이에게 나는 필요한 존재다' 라는 존재감을 느낄 수 있고, 자식의 입장에서는 '당신은 저에게 필요한 존재입니다' 라고 부모님을 인정한다는 메시지를 줄 수 있다.

가족이나 친척이 가장 원하는 것은 유대감이다. 새삼스럽게 얼굴을 마주 보고 가족을 칭찬하는 것이 쑥스럽거나 말로 표현하기가 어색할 경우에는, 가족이 유대감을 느낄 수 있는 행동을 보여주는 것도 좋다.

예를 들어 생일이나 어버이날에 선물을 하거나, 여행에 갔을 때 선물을 사오는 것도 부모님을 인정한다는 메시지가 될 수 있다.

제삼자를 활용한다

사춘기에 접어들면서 불평불만이 많고 옳지 못한 행동만 일삼는 아들 때문에 근심하던 어머니가 학교로 면담을 하러 갔다. 담임 선생님이 "아드님이 늘 자랑하던 어머님이시군요. 아드님은 항상 어머님이 훌륭한 분이라고 하더라고요"라고 말했다. 어머니는 선생님의 말을 듣고 자신이 얼마나 아들을 부정적으로만 생각했는지 새삼 깨닫고 후회했다는 일화가 있다.

제삼자로부터 "저 사람이 당신을 칭찬하던데요"라는 말을 듣게 된다면 누구나 기분이 좋아질 것이다. 직접적으로 말하기가 쑥스러울 경우에는 이와 같이 제삼자에게 칭찬을 전하는 방법도 효과적이다. 아버지를 칭찬할 경우에는 어머니나 형제에게, 친구를 칭찬할 경우에는 서로가 알고 지내는 사람에게 뜻을 전한다. 누구든 자신이 칭찬했다는 사실을 본인에게 전달할 수 있는 사람에게 칭찬을 전해보도록 하자.

이러한 방법은 직접적인 칭찬이 쑥스럽다는 사람도 수줍어하지 않고 뜻을 전할 수 있다. 또한 본인을 옆에 두고 제삼자에게 칭찬하는 방법도 효과적이다. 예를 들어 A, B, C씨가 함께 있을 경우, A씨가 B씨에게 "C씨는 정말 장관감이야, 이 사람이 장관이라면 내가 옆에서 보좌하고 싶을 정도라니까"와 같이 C씨를 칭찬해보자.

예를 들어 남자들이 흔히 친구의 아내에게 "이 친구는 이런 훌륭한 일을 하고 있습니다"라고 친구의 업무 능력을 칭찬하는 것도 위와 같은 경우이다. 이는 제삼자를 통한 칭찬 방법으로써 어색하지 않게 칭찬하면서 상대방을 기쁘게 할 수 있다.

Point

가족과 친구에게 칭찬하는 법

- 나에게 당신은 중요한 존재라는 메시지를 보낸다.
- 유대감을 느끼게 하는 말과 행동을 한다.
- 제삼자를 활용한다.

"오늘 발표한 프레젠테이션, 정말 박력 있었어!"

"좋은 충고해줘서 정말 고마워!"

"자네는 반드시 해내고야 마는 사람이군!"

4장
행동에 대한 칭찬화술

"자네는 행동력이 참 뛰어나군!"

"성격이 참 밝구나!"

"준비가 철저하군!"

"자네의 ~은 최고야!"

01 칭찬화술

열심히 일하고 있을 때

"자네는 행동력이 참 뛰어나군!"

상당히 보편적으로 사용할 수 있는 표현이다. 특히 아직 실적이 없는 영업사원에게 "열심히 하는군"이라는 말은 위로를 전하는 표현으로 효과적이다.

또한 행동하는 능력이 조금 부족해 보이는 사람에게 적극적인 행동을 이끌어내기 위해서 사용할 수 있는 말이기도 하다.

"행동이 재빠른걸!"

외근 영업직과 같이 재빠른 행동이 요구되는 사람에게 효과적인 칭찬이다. 또한 상대방이 사무직인 경우에도 행동이 재빠른 사람이라면 이와 같은 표현을 쓸 수 있다.

메일이나 휴대 전화가 폭넓게 사용되고 있는 요즘, 직접 고객이나 거래처로 찾아가는 모습은 좋은 인상을 심어줄 수 있다. 행동이 재빠르고 사람 만나는 일을 꺼리지 않는 사람은 대부분 일의 성과가 좋다.

"뭐든지 항상 열심히 하는군!"

이 표현은 "업무에 매진하는 모습이 보기 좋아"라는 말과 동일하게 사용되지만, 특히 상대방의 태도와 행동에 초점을 맞춘 말이라고 할 수 있다.

'열심히'라는 말은 원래 어떤 일에 온 정성을 다하여 골똘하게 힘쓰거나 또는 그런 마음을 나타내는 말이다. 진지하게 노력하면서 노력을 게을리하지 않는 모습이나 침착하게 집중하고 있는 모습에 사용하는 경우가 많다.

"노력가군!"

"열심히 하는군!"이라는 말은 그 시점에 대한 평가에 불과하지만, "노력가군!"이라는 말에는 '항상 노력하고 있는 당신을 지켜보고 있다'라는 메시지가 담겨 있다. 즉, 오랜 기간 동안 열심히 업무에 임하고 있는 자세를 칭찬하는 말이다.

"자네는 반드시 해내고야 마는 사람이군!"

이는 포기하지 않고 무언가를 이루어내는 모습을 솔직하게 칭찬하는 표현이다. "자네는 포기할 줄을 모르는 사람이야"라는 말은 '너에게, 그건 무리야'라는 의미로 들릴 수 있으므로 조심해서 써야 한다.

끝까지 포기하지 않고 결국 해내고야 마는 능력을 갖고 있는 사람에게는 꼭 이런 표현들을 사용해보자.

"참 세심하구나!"

개인적인 시각 차이가 있겠지만 대부분의 여성들이 이상적인 남성상으로 '세심한 남자'를 꼽는다. '세심한 남자'는 너무 사소해 소홀히 하기 쉬운 작은 부분까지 배려해주거나, 편지나 메일을 자주 보내주거나, 무언가를 바로 행동에 옮겨준다.

또한 사소한 일이나 비교적 단조로운 작업을 꼼꼼하게 하는 사람도 '세심한 사람'이라는 표현을 사용할 수 있다. 비슷한 의미로, "깔끔하게 정리하네", "꼼꼼하게 청소하는구나", "하루에도 몇 번씩 인사하네"라는 등의 표현을 쓸 수 있다.

단, 상대방이 부지런하다는 의미로 받아들일 때에는 문제가 되지 않지만, 한가하다는 뉘앙스로 받아들일 수 있으므로 주의해야 한다.

"바쁜데도 일처리가 참 세심하단 말이야"와 같은 말은 시간 관리에 철저하고 바쁜 와중에도 인간관계를 중요시하는 사람이라는 좋은 뜻으로 받아들여진다.

02 칭찬화술

성실함을 높이 평가하고 싶을 때

"예의가 바르군!"

사회에서 자주 사용되었으면 하는 말 중 하나다. 상대방의 예의 바른 부분을 발견하면 가능한 한 "예의가 바른 사람이야"라고 칭찬하자.

그러나 어떤 사람은 "예의가 바르다"라는 말을 듣게 되면서부터, 더욱 예의 바른 행동을 하게 되거나 예의를 의식하면서 행동하게 되는 경우도 있다. 예의가 바르기 때문에 "예의가 바르다"라고 칭찬하는 것이 아니라 오히려 이 말을 통해서 상대방을 예의 바르게 만들 수 있어야 한다.

그렇다면 어떤 점을 보고 예의가 바르다고 판단해야 할까.

우선 그 사람의 언행이 상대방에게 좋은 인상을 주어야 한다. 예를 들어 인사 방법, 명함을 내미는 방법, 의자에 앉는 자세, 상사와 함께 차에 탈 때의 자세 등 여러 부분들을 통해 판단할 수 있다. 부하직원의 평소 언행을 꾸준히 관찰함으로써 그만의 장점을 발견해보자.

"사람을 차별하지 않는구나!"

안타깝게도 윗사람에게는 알랑거리면서 아랫사람한테는 거만한 태도를 취하는 사람들이 적지 않다. 상대방이 어떤 입장과 처지에 놓여있든 간에 차별 없이 마음을 열고 인간관계를 가질 수 있는 사람은 뛰어난 인격의 소유자라고 할 수 있다.

사람을 차별하지 않고 격의 없이 대하는 사람은 대부분 다양한 분야에 종사하는 사람들을 많이 알고 있을 가능성이 높다. 따라서 그런 사람에게는 "인간관계가 넓구나"라고 칭찬하는 방법도 있다.

"좋은 충고해줘서 고마워!"

일본 바둑에서 쓰이는 말 중에 '오카메하치모쿠(傍目八目)'라는 표현이 있다. 이는 '옆에서 구경하는 사람이 당사자보다 전반적인 상황을 더 잘 파악하여 당사자보다 여덟 점 앞을 내다볼 수 있다'는 의미를 나타낸다.

다시 말해 당사자는 나무만 보고 숲을 보지 못하는 상태에 있는 반면, 옆에서 바라보는 사람은 전체를 내다볼 수 있기 때문에 당사자가 깨닫지 못하는 부분에 대해서 조언을 해줄 수 있다는 뜻이다. 이러한 사람이 바로 좋은 충고자이다.

그러나 관전자의 시각만 가진 사람도 문제가 있다. 남에게는 좋은 충고를 해주면서도 자신의 일에 대해서는 허둥지둥하는 경우가 있기 때문이다. 그래서 프로 코치라 하더라도 코치를 고용하는 이유가 여기에 있다.

자기 자신의 등은 바라볼 수 없기 때문에 다른 각도에서 바라봐주는 사람이 꼭 필요하다는 사실을 유념해두자.

03 칭찬화술

우수한 부분을 더욱 발전시키고 싶을 때

"문장이 참 깔끔하네"

글은 그 사람의 마음을 비추는 거울이다. "당신의 문장은 깔끔하다"라는 말은 왠지 "당신은 깔끔하다"라는 말처럼 들려서 사람 자체에 대한 칭찬처럼 느껴질 수 있다.

"구성이 깔끔하다", "표현에 리듬감이 있다", "표현이 아름답다", "감수성이 풍부하다"와 같이 구체적으로 칭찬해보자.

"노래 잘하네"

이 표현에는 미묘한 뉘앙스가 있다. "노래는 잘하네", "노래를 잘하네"와 같이 조사를 넣어서 말하면, 그 외에는 잘하는 것이 없다고 들릴 수 있다.

또한 노래 실력에 대해서 "음정이 확실하네", "성량이 풍부하네"와 같이 구체적으로 말하게 되면, '그럼, 다른 부분은 별로란 말이야?' 라고 받아들일 수도 있다. 따라서 실력을 평가한다는 식의 평가적인 말투가 되지 않도록 주의하면서, 어디까지나 진심으로 감탄했다는 사실을 상대방에게 전달해야 한다.

만약 골프장이나 노래방에서 상대방이 자신의 실력을 발휘했다면 칭찬하고, 그렇지 못했을 때에는 그냥 가만히 있는 것이 자신이 할 수 있는 최고의 방법이다.

"대단한 요리 솜씨야!"

요리는 종합 예술이라고 할 수 있다. 재료 각각의 특성을 살려서 요리의 맛을 살린다는 것은 인간이 할 수 있는 가장 종합적인 능력이다.

요리 하나에도 실제 재료를 준비하는 능력, 뛰어난 손재주, 맛을 식별하는 미각과 후각, 먹음직스럽게 요리를 장식하는 능력, 먹는 사람에 대한 배려가 돋보이는 자세 등 칭찬할 점이 수없이 많다.

상대방의 장점을 칭찬한다는 것은 상대방의 인격을 있는 그대로 칭찬한다는 의미하기도 하다.

"잘 먹는 모습이 보기 좋아"

음식을 가리지 않고 모두 잘 먹는 사람에게 쓸 수 있는 말이다. 이는 매일 먹는 음식이더라도 투정하지 않고 항상 감사하는 마음으로 먹는다는 의미이기도 하면서 건강하다는 증거이기도 하다. 아마 이 말을 듣고 기분 나빠할 사람은 거의 없을 것이다. 그러나 과음, 과식을 하고 있는 사람에게 이런 칭찬은 금물이다. 좋은 의미의 칭찬이라고 하더라도 상대방을 흥분시켜 건강을 해치게 해서는 안 되기 때문이다.

"복스럽게 먹는 모습이 보기 좋아"

먹는 모습이 보기 좋고, 요리를 만들어준 사람에 대해 감사의 뜻을 나타내면서 식사를 즐기고 있는 모습을 칭찬하는 표현이다. 음식을 만들어준 사람에게는 이러한 모습이 최고의 감사 표현이 될 수 있다.

단, "참 맛있게도 먹네!"와 같은 말은 '넌 항상 굶주린 사람처럼 보여' 라는 뉘앙스를 풍길 수 있으므로 주의해야 한다.

"준비가 철저하군!"

일을 성사시키기 위해서는 현장 조사나 회의 전에 철저한 준비가 요구된다. 준비가 철저한 사람을 약삭빠르거나 출세

욕이 강하다고 생각하여 무조건 싫어하는 사람도 있지만, 반드시 그런 것만은 아니다.

집단에서는 회의를 하기 위해 사전에 얼마나 합의점을 찾기 위해 노력을 기울였느냐가 성과 여부를 좌우한다고 할 수 있다. 상대방의 이러한 준비 능력을 솔직히 인정하고 칭찬하는 것은 중요한 일이다.

"운전 실력이 대단하네!"

옛 기마(騎馬) 민족들 사이에서는 말을 잘 타는 것이 영웅의 증표였다고 한다. 현대 사회에서 말하자면 운전 실력과 같은 개념일 것이다. 차에 같이 타고 있을 때, 운전을 못한다고 느끼는 경우는 있어도 운전을 아주 잘한다고 느끼기는 쉽지 않다. 가능하다면 상대방의 드라이브 실력에 대해서 자연스럽게 칭찬해보는 것도 좋다.

"실력이 뛰어나군!"

막연하게 칭찬하는 경우에 사용하는 말이다. "제일이야"나 "최고야"라고는 말하지 못해도 "뛰어나다"고 말할 수 있는 경우는 있을 것이다. "자네 실력은 뛰어나니까!"라는 말에 기분 나빠 할 사람은 없을 것이다.

"~는 잘할 것 같아"

사실 관계를 자세하고 구체적으로 칭찬할 수 없는 경우, 또는 칭찬하게 되면 사실과 어긋나버리는 경우에, 추측의 표현으로써 "요리를 잘할 것 같아", "골프를 잘 칠 것 같아", "테니스를 잘 칠 것 같아", "센스가 좋을 것 같아"와 같이 말할 수 있다.

'정확한 사실은 모르지만 당신의 가능성에 대해서 이렇게 평가합니다' 라는 점을 전달하는 적절한 표현이라고 할 수 있다.

"쇼핑을 잘 하네"

무엇을 살지 순서를 잘 정하고, 금전 감각이 뛰어나며, 비교적 가격이 저렴한 물건을 잘 골라내는 사람을 "쇼핑을 잘 한다"라고 말한다.

'경제적인 정보를 잘 알고 있다', '물건 값을 잘 알고 있다', '관찰력이 예리하다' 등과 같은 여러 가지 요소들을 내포하고 있기 때문에 함축성 있는 칭찬이라고 할 수 있다.

전후 문맥에 따라 의미가 달라질 수 있으므로, '당신은 인색한 사람이다' 라는 뉘앙스를 풍기지 않도록 주의하자.

04 칭찬화술

성과를 올렸을 때

"이 보고서는 설득력이 있어"

부하직원의 업무 내용을 칭찬하고자 할 경우, "이 보고서, 괜찮네"라고 막연하게 표현하는 것보다는 "설득력이 있어"와 같이 어떤 점이 뛰어난지를 구체적으로 칭찬하면 효과적이다.

특히 부하직원이 보고서에서 논리 구성이나 사례 제시 방법 등에 있어서 설득력을 높이기 위한 노력의 흔적이 보인다면 이를 지나치지 말고 칭찬하자.

"이 계획서는 알아보기가 쉬운걸!"

사람마다 감각에 차이가 있다. 예를 들어 시각적인 면을 중요하게 생각하는 사람은 같은 업무를 하더라도, 레이아웃이나 도표, 색상의 사용 등에 시간을 투자하는 경우가 많다. 이럴 때는 상대방의 노력과 센스를 칭찬해주도록 하자. '알아보기 쉽다'라는 것은 시각적, 예술적인 디자인 감각이 뛰어나다는 것을 의미한다. 또한 이 말은 상당히 포괄적이고 다양한 요소를 포함하고 있는 표현이기 때문에, 경우에 따라 '왜', '어디가', '어떻게' 읽기 쉬운지 등을 구체적으로 덧붙여서 칭찬할 필요가 있다.

예를 들어 부하직원이 작성한 계획서의 장점이 글자 크기인지, 문체인지, 어휘 수준인지, 구성인지 등을 우선적으로 파악한 후에 그가 들어서 기뻐할 만한 부분을 칭찬한다.

"오늘 발표한 프레젠테이션, 정말 박력 있었어!"

이는 프레젠테이션 내용이 조금 빈약한 경우에도 사용할 수 있는 표현이다. 부하직원의 프레젠테이션 능력을 향상시키기 위해서는 어떤 점이든 부하직원이 잘한 부분을 찾아내는 것이 중요하다.

꼭 감탄할 만한 내용이 아니었더라도 화법이나 몸짓이 인상적이었다면 그 부분을 인정해줄 필요가 있다. '인정한다'는 것은, '장점을 파악하여 마음속에 새겨두고 있다'는 의미도 포함되어 있다.

물론 실제로 프레젠테이션 내용이 충실한 경우에도 박력이 있다는 표현을 사용할 수 있다. 이 때, 부하직원이 무엇을 더 기뻐할지를 기준으로 삼아 내용을 먼저 칭찬할지, 박력 있었다는 점을 먼저 칭찬할지 정하도록 한다. 또한 내용이 풍부하다고 생각되는 프레젠테이션이라면 내용에 대해서 칭찬하는 것도 효과적이다. 단, 주의해야 할 점은 박력을 좋아하는 상사는 언제나 박력만 칭찬하게 된다는 것이다. 누구든 칭찬 방법에는 자신만의 특징이나 버릇이 있다. 표현이 한쪽으로 치우치지 않도록 칭찬 패턴을 늘릴 필요가 있다.

"~에 한해서는 천하제일이야!"

부하직원이 '최고'인지를 과학적으로 증명할 수는 없지만, 유일하다고는 말할 수 있을 것이다. 또 이렇게 말한다고 해서 거짓말이 되지도 않는다.

"이 업무에 대해서는 천하제일이야", "이 기술에 한해서는 천하제일이지", "프레젠테이션 자료 작성 방법은 천하제일이지", "질문에 대한 대응은 천하제일이지"와 같이 여러 가지 상황에서 이 표현을 사용할 수 있다.

특히 업무 진행 방식이나 발상, 섬세한 기술적 아이디어 등에 그 사람 특유의 독창성이 돋보이는 경우, 효과적으로 사용할 수 있는 칭찬이다.

"자네의 ~은 최고야!"

"천하제일이야!"라는 말에는 유일하다는 의미가 포함되어 있는 데 비해, "최고야!"라는 말은 일반적으로 사용되는 경우가 많아서 가장 뛰어나다는 최상급의 느낌이 약할 수도 있다.

그러나 듣는 상대방에게는 기분 좋은 말이 될 수 있으므로, 능력이 향상되었거나 비약적인 성과를 올렸을 때 적극적으로 표현해보자.

"가장 빛나 보였어!"

"자네의 프레젠테이션이 가장 빛나 보였어!"와 같이 말할 수 있는 표현이다. 만약 여러 사람들이 프레젠테이션을 통해 경쟁하고 있을 때 이 말을 해주면 상대방은 기뻐할 것이다.

또한 상대방의 행동이나 성과를 칭찬하기가 어색할 경우, 이와 같이 막연한 표현을 쓰는 것도 하나의 방법이 될 수 있다.

즉, "나에게는 당신이 가장 빛나 보였어!"라는 말에는 주관적인 의견이 포함되어 있기 때문에 누구나가 진실되게 받아들일 것이다.

 칭찬화술

말 한마디로 제대로 효과를 보고 싶을 때

"대단해!"

'대단하다' 라는 형용사는 '매우', '몹시', '아주 중요하다', '출중하다', '뛰어나다' 라는 의미 외에도 폭넓게 사용되고 있다. 이 말에는 다른 사람보다 뛰어나다는 뉘앙스가 포함되어 있다. "자네의 이런 점이 대단해"와 같이 구체적인 행동과 평가 포인트를 함께 표현해보자.

"멋져!"

일반적으로 여성들이 자신의 이상형이나 물건을 호의적으로 칭찬할 때 사용하는 표현이다.

"당신은 멋져요", "이 가게 멋진데요", "웃는 얼굴이 멋져요" 등과 같이 자신의 마음을 직접적으로 전하고자 할 때 폭넓게 사용된다. 아마 "멋지다"라는 말을 듣고 기뻐하지 않을 사람은 아무도 없을 것이다.

"역시!"

만난 지 얼마 안 된 사람에게 "역시!"라는 말을 하게 되면, 듣는 사람이 불쾌하게 느껴질 수도 있다. 따라서 이 표현은 오랜 만남을 가져온 사람에게 써야 한다.

"역시!"는 오랜 만남을 통해 지속적으로 상대방을 높게 평가를 해 왔다는 사실을 전달하고자 할 때 효과적으로 사용할 수 있다. 즉, 과거에서 현재에 이르기까지의 상대방에 대한 기대감과 신뢰가 전제되어 있어야 한다.

또한 "역시 ~ 씨야"와 같이 상대방의 이름을 넣어서 말하면, 자신을 향한 메시지라고 강하게 느낄 것이다.

"과연!"

'당신의 말을 통해서 새로운 발견을 했습니다', '당신의 말은 굉장히 설득력이 있습니다'라는 메시지를 전달하고자 할 때 사용하는 말이다. 불과 2음절밖에 안 되는 짧은 말이지만 진심을 담아서 표현한다면 상대방도 기꺼이 칭찬으로 받아들인다.

단, 팔짱을 끼고 끄덕거리면서 "과연?", "과연…" 같이 말끝을 올리거나 흐리면 상대방은 자신을 비아냥거리는 것으로 느낄 수 있으니 조심해야 한다.

"굉장해!"

이것은 '좋다'라는 사실을 강조하는 표현이다. 영어로는 'good'보다 'wonderful(굉장한)', 'splendid(훌륭한)'의 의미에 가깝다. 드물게 좋은 일이나 상대방 또는 물건의 특별한 부분을 칭찬할 때 사용하는 표현이다.

단, 너무 연속적으로 발언하게 되면 오히려 품위가 없어 보일 수 있으므로 적절한 상황에서 적당하게 사용하는 것이 포인트이다.

"완벽해!"

유도에서 한판으로 승부를 냈을 때와 같이, 업무 처리 능력이 예리하거나 모습이 아름다워 보였을 때 이러한 표현을 쓸 수 있다.

유도에서는 경기 후의 자세가 자신의 단수를 결정짓는 포인트가 될 수 있다. 이와 마찬가지로 프레젠테이션을 마쳤을 때의 표정이나 고객들을 보낸 후의 표정, 연설을 끝냈을 때의 표정 등, 업무 처리 후의 모습이 밝고 명랑할 때 쓸 수 있는 표현이다.

"컨디션이 좋아 보이는걸"

일이 잘 진행되어 갈 때 사용할 수 있는 표현이다. "오늘 컨디션이 최고인 것 같은데"라고 말해주면 그는 자신의 능력을 더욱 발휘할 수 있을 것이다. "컨디션이 좋아 보인다"라는 말은 상대방에게 자신의 일에 좋은 결과를 연상하게 만들며, 이를 다음 실적으로 연결시킬 가능성을 높이게 된다.

앞서도 말했듯이 실적이 우수한 사람들의 가장 큰 고민은, 실적이 향상된 경우에는 칭찬을 듣지 못하는 반면, 실적이 조금이라도 떨어지면 "괜찮아?"라는 우려 섞인 말을 듣게 된다는 점이다.

본인은 그다지 부진하다고 생각하지 않는 경우가 많기 때문에, 실적이 조금 좋지 않더라도 "괜찮아?"라는 말보다는 "잘 나가는걸!", '컨디션이 좋네!'와 같이 힘을 실어줄 수 있는 말을 하는 것이 좋다.

06 칭찬화술

의욕을 불러일으키고 싶을 때

"씩씩하네!"

이는 어떤 상황에서 사용하더라도 나쁜 의미로는 받아들여지지 않는 표현이다. 특히 신입사원이나 새로 전속되어 온 사람에 대한 신선한 기운을 표현하고자 할 때 사용한다면 상당히 좋은 느낌을 줄 수 있다. 어떤 일에 대한 진지한 자세나 강한 에너지를 느낄 수 있는 표현이다. 예를 들어 상대방이 처음으로 프레젠테이션을 발표했을 경우 등에 사용하는 것도 좋다.

"추진력이 좋은걸!"

업무 능력이 빠르고 결단력이 있을 때 사용하는 말이지만,

뛰어난 협상 능력이나 어떤 자리의 의견을 통합할 수 있는 능력을 표현할 때도 사용할 수 있는 말이다. 맡겨진 일을 자신감 있게 해내는 사람에게 쓰면 좋은 말이다.

"당당하구나!"

추진력이 뛰어날 뿐만 아니라 규정을 철저히 준수하여 비난할 점이 없고, 공명정대하고 강인한 사람에게 '당신은 조금의 두려움이나 주저함 없이 일을 해내는 사람이다' 라는 뜻을 전달하는 표현이다. 잔꾀를 부리지 않고, 자신감 있는 사람이라는 느낌을 표현하기에 좋다.

"눈빛이 강렬한데!"

눈이나 시선에서 강력한 힘이 느껴질 때 "눈빛이 강하다"라고 말한다. 눈은 마음의 거울이며, 눈은 그 사람의 기질을 나타내기도 한다. 눈빛이 살아있는 사람과는 전화로 대화하기보다는 직접 만나 눈을 보며 대화하는 것이 서로의 마음이 더 통할 것이다.

"빛나 보였어!"

그 사람이 갖고 있는 힘, 에너지, 기술을 최대한 사용하고 있는 상태를 "빛이 난다"라고 표현한다.

이는 상대방이 실력을 충분히 발휘했다고 느꼈을 때 사용할 수 있는 표현이다. 또한 "당신의 그 빛나는 모습을 보고 힘을 얻었어"라고 표현하는 것도 좋다.

"눈에 띄더군"

눈에 띈다는 말이 잘난 척한다는 느낌으로 받아들여지는 경우가 있다.

"모난 돌은 정을 맞는다"라는 한국 속담도 있듯이, 홀로 성공하거나 성과를 올리게 되면 주위 사람들로부터 시샘을 살 수도 있기 때문이다. 그러나 모든 사람들이 눈에 띄거나 드러나지 않게, 혹은 따돌림을 당하지 않게 소극적인 행동을 취하게 된다면 개인도 조직도 성공할 수 없다.

다른 사람들보다 뛰어난 능력을 발휘해야 할 상황일 때 좀 더 적극성이 요구될 때 이 표현을 활용해보자.

"멋있네!"

자주 쓰이는 표현이지만, 자칫 '혼자 멋진 척하고 있네'라는 등 부정적인 의미로 받아들여지는 경우도 있다.

요즘에는 이 표현이 너무 남용된다는 느낌이 강하기 때문에 적합한 상황이나 상대방을 고려해 사용하는 것이 좋다. 외모보다도 인생이나 사고방식을 "멋있다"라고 칭찬하는 편이 더 나을 수도 있다. "멋진 인생이야!"와 같은 말이 그 예이다.

"성격이 참 밝구나!"

비슷한 말로 "발랄하다"와 같은 표현도 있다. 이는 구김살 없는 모습이나 기운 넘치는 밝은 에너지를 느낄 수 있는 표현이기도 하다. 또한 아이를 칭찬할 때는 "명랑하구나!"라는 말을 쓸 수 있다.

"목소리가 좋은걸!"

사람들과 조금 다른 각도에서 칭찬하거나 상대방이 깨닫지 못하는 부분을 칭찬하는 것도 효과적이다. 목소리를 칭찬하는 경우도 그 중 하나이다. '섹시한', '점잖은', '선녀와 같은', '정확한', '맑고 투명한'과 같이 목소리를 영상적·시각적으로 형용해서 표현할 수 있다.

"자세가 좋구나!"

자세가 좋다는 말을 듣고 기분 나빠할 사람은 없을 것이다. 자세가 좋다는 것은 건강하다는 것을 의미하며 행동이 씩씩하고 시원시원하다는 것을 말한다.

자세를 보면 그 사람의 마음가짐을 알 수 있다고 하듯이 자세가 좋다는 말은 '마음이 곧다' 라는 것을 의미한다.

"이상적인 인생관이야!"

자신의 현재 상황에 만족하지 않고 끊임없이 발전시켜나가는 사람에게 "이상적인 인생관을 갖고 계시네요"라고 칭찬할 수 있다. 그러나 이 말도 자칫하면 '당신과는 전혀 어울리지 않는 삶이군', '허황된 꿈만 꾸는군' 으로 오해하여 들을 수 있으니 주의하여 말해야 한다.

"항상 아름답습니다."

"웃는 얼굴이
보기 좋습니다."

"조금 살이 빠진 것 같네요."

5장
외모와 인상에 대한 칭찬화술

"눈에 확 띄는 얼굴이세요."

"젊어 보이시네요."

"참 품격이 있으세요!"

"항상 힘이 넘치시네요."

01 칭찬화술

젊은 여성에게

"항상 아름답습니다"

설문 조사를 해보면 여성들이 기분 좋게 여기는 말 중에 "아름답다"라는 말이 가장 상위를 차지한다. 그러나 "오늘은 아름답습니다"라고 말한다면 그 말을 받아들이는 사람은 '그럼, 어제는 아름답지 않았다는 거야?'라고 생각해서 오히려 반감을 살 수 있다. 따라서 "오늘은 더 아름답습니다", "오늘도 아름답습니다"와 같이 항상 아름답다는 전제를 깔아야 한다.

사람이란 아름답다는 말을 들으면 더욱 아름다워지는 법이다. 물론 말투에 따라서는 성희롱이 될 위험성도 있으므로 눈빛과 목소리가 자칫 음흉해 보이지 않도록 주의해야 한다.

"예쁘시네요"

이는 "아름답다"와 마찬가지로 사용되는 표현이다. 자기보다 나이가 어린 여성에게 사용하는 경우가 많지만, 어느 정도 알고 지낸 나이 많은 여성에게도 쓸 수 있다.

그 사람의 외모뿐만이 아니라 "치마가 예쁘네", "그 가방 예쁘네"와 같이 소유하고 있는 물건을 칭찬하게 되면, 상대방의 미적 감각을 칭찬한다는 의미가 된다.

또한 "의외로 예쁜걸"이라는 말을 듣고 기뻐하는 사람도 있을 것이다. 이 말의 뉘앙스를 오해해서는 안 된다. 예를 들어 자신이 맡은 업무를 처리할 때에는 완벽할 정도로 철저하지만, 그 외의 평소 성격이나 행동들은 업무 때와는 다르게 원만하고 편안해서 '사랑스럽다'는 의미로 쓰일 때 하는 말이다. "예쁘다"라는 표현도 자칫 잘못 사용했다가는 성희롱이 될 수 있는 말이므로 주의해야 한다.

"눈에 확 띄는 얼굴이네요"

혼자 있거나 많은 사람들 속에 있어도 시선을 끌어당길 만큼 화려한 사람이 있다. "분위기가 시선을 끌어당기시네요"라는 말도 비슷한 표현이라고 할 수 있다.

단, 너무 눈에 띈다는 뜻으로 받아들여 비난받고 있다는 오해를 사지 않게 조심해야 한다. 이 역시 제삼자를 통해서 간접적으로 전하는 방법을 사용한다면 좀 더 효과적으로 전달될 수 있다.

그 외에도 "스타 자질이 있어", "연예인 같아", "분위기가 밝아져", "이 자리가 빛나는걸"과 같이 여러 가지의 말을 쓸 수 있다.

"스타일이 좋네"

자연스럽게 말할 수 있는 표현이다. 그러나 상대방이나 상황에 따라서는 '스타일은 좋은데 얼굴은 별로라는 거야?' 라고 받아들일 수 있으므로, "모델 같아, 무슨 운동해?"와 같이 추가적인 표현을 덧붙이는 것이 좋다. 또한 상대방을 훑어보는 듯한 시선으로 말하지 않도록 주의해야 한다.

"참 얼굴이 작으시네요"

이는 남성이 여성한테 말하는 것보다 같은 여성 사이에서 쓰는 것이 적당한 표현이 될 수 있다. 남성에게는 "인상이 좋으시네요", "복 있어 보이는 인상이세요", "복 귀시네요" 등과 같이 인상과 특징을 칭찬하는 것이 좋다. 단, 얼굴을 칭찬할 때에는 주변 사람들을 배려할 필요가 있다. '얘는 얼굴이 작은데 나는 얼굴이 크다는 거야, 뭐야?' 라고 받아들이는 사람도 있을 수 있기 때문이다.

"~랑 닮으셨어요"

이는 사회에서 유명한 사람을 예로 들면서 말할 수 있는 표현이다. 단, 예로 든 사람에 대해서 상대방이 부정적인 인상을 갖고 있는 경우도 있을 것이다. 사람마다 취향은 각자 다르기 때문에 상대방의 취미나 기호를 파악한 후에 사용하는 편이 좋다.

02 칭찬화술

나이가 많은 여성에게

"웃는 얼굴이 보기 좋습니다"

외모를 칭찬할 때에는 상대방의 연령이나 성격을 고려할 필요가 있지만 웃는 얼굴에 대한 칭찬을 주저할 필요는 없다. 사람이 웃는다는 것은 마음이 평화롭다는 것을 의미하며, 그 사람의 좋은 에너지, 긍정적인 에너지가 주변 사람들에게 발산되고 있다는 것을 뜻한다.

모 의류 제조 회사의 점장들을 대상으로 강연할 때 들은 이야기이다. 어떤 점장이 부하직원에게 "왜 항상 얼굴을 찡그리고 있어? 웃는 얼굴로 일해야지"라고 주의를 주었지만 직원의 표정은 나아지지 않았다.

그러던 어느 날, 그 직원이 잠깐 웃는 것을 보게 된 점장은 직원에게 "어머, 방금 웃는 얼굴 정말 보기 좋았어! 바로 그거야! 이번에도 손님이 오면 웃는 얼굴로 부탁해"라고 말했더니, 그 직원은 다시 환한 미소를 지을 수 있게 되었다는 것이다.

기분이 불쾌해져서 긴장하게 되면 표정도 경직되는 법이다. 반대로 불쾌했던 기분도 칭찬 한마디면 마음이 편안해지면서 자신도 모르게 웃게 된다. 만약 지금 기분이 좋지 않다면 자기 자신을 향해 칭찬해보자. 기분이 한결 나아질 것이다.

"피부가 좋으시네요"

피부 나이라는 말도 있듯이, 특히 여성들에게 피부는 영원히 아름답게 유지하고 싶은 부분이다.

"피부가 좋다", "살결이 곱다"라는 말들은 같은 여성 사이에서 상대방을 칭찬할 때 효과적인 표현 중 하나이다.

단, 남성이 여성에게 표현할 경우에는 이상한 눈빛으로 말하지 않도록 주의해야 한다.

"젊어 보이시네요"

이는 일반적으로 여성에게 사용할 수 있는 표현이며, '젊고 아름답다', '얼굴에 고생한 흔적이 보이지 않는다' 라는 의미로 쓰인다.

그러나 사람에 따라서는 어른스럽고 조숙해 보이는 모습을 선호하는 사람도 있을 것이다. 또 어떤 사람은 젊다는 표현을 '유치한 사람이다' 라는 의미로 받아들일 수 있으므로 상대방의 나이나 성격 등을 파악한 후에 사용하도록 하자.

"살이 좀 빠지신 것 같네요"

여성들에게 젊은 피부와 쌍벽을 이룰 정도로 중요한 것이 날씬한 체형이다. 풍만한 체형이 미덕이라고 여겨졌던 시대와는 달리 오늘날, 많은 여성들이 얼마나 날씬해질 수 있는가에 대해 관심을 갖고 있다.

따라서 "살이 좀 빠진 것 같아"라는 말은 날씬한 여성에게도 쓸 수 있다. 이 표현에는 '예전에 비해서' 라는 뉘앙스가 포함되어 있기 때문에, 가끔 만나는 상대방에게 사용하는 편이 더 효과적이다. 여기서 '조금' 이라는 표현을 붙인다면 무난하게 쓸 수 있는 표현이 된다.

"참 품격이 있으세요"

비슷한 표현으로는 "기품이 있네요", "고상하군요'", "품위가 있네요" 등이 있다. 그러나 이런 표현은 "아름답다", "예쁘다"처럼 자주 사용하지 않기 때문에 거리감이 있지만, 상대방의 자세나 행동, 말투나 패션 감각 등에서 기품이 느껴졌다면, 이렇게 말해보는 것도 좋은 칭찬이라 할 수 있다.

 칭찬화술

강인한 인상을 주는 남성에게

"항상 힘이 넘치시네요"

건강함을 느낄 수 있는 표현이다. 단순히 체격만 건장하다는 것이 아니라, 그 사람의 행동 패턴이나 삶의 에너지까지도 높이 평가할 수 있는 형용사이며, 주로 남성에게 쓰는 표현이다.

단, '살집이 좀 있다', '섬세함이 없다'라고 받아들여질 수 있으므로 상대를 잘 파악한 후 말하는 것이 좋다.

"체격이 좋으시네요"

말 그대로 '체격이 다부지다', '가슴 근육이 두텁고 건장하다' 라는 의미이다.

신체를 칭찬하는 표현이지만 지치지 않는 강인한 정신을 나타내는 표현이기도 하다. 이 외에 "어깨가 넓군요!"라는 말도 상대방에게 기쁨을 줄 수 있는 말이다.

"풍채가 좋으시네요"

이는 주로 중장년층 남성에게 말하는 표현이다. 이와 비슷한 말로는 "관록이 있으세요"가 있다. 일반적으로 이 표현도 연장자나 지위가 높은 사람에게 사용하는 표현이다. 신입사원에게 이러한 표현을 한다면 비아냥거리는 말로 들릴 수 있다.

같은 말이라도 상황과 상대에 따라 달라지며, 이를 통해 인간관계도 변할 수 있다. 또한 승격이나 승진을 한 사람에게는 "관록이 따르시나 봅니다"라는 말을 쓰는 것도 좋다. 승진했을 때 들으면 특히 기쁜 표현이 될 수 있다.

 칭찬화술

겉모습에 별 특징이 없는 사람에게

"참 깔끔하구나!"

외모는 너무 멋진데 청결 상태가 불량하다면 어떤 마음이 들까? 역시 겉으로 보이는 청결 여부는 상당히 중요하다고 할 수 있다. 대부분의 사람들은 청결하지 못한 사람을 외모가 단정치 못하다고 여긴다.

참고로 연수 과정에서 설문지 조사를 해본 결과, 꺼려하는 영업 맨 제1순위가 불결한 사람이었다.

"참 맑고 순수하군!"

"당신은 참 맑고 순수해 보여요!"라는 말을 듣고 기분 나빠

하는 사람은 없을 것이다.

이 표현은 인사하는 모습이나 웃는 얼굴에 대해서 사용하는 경우가 많은 보편적인 칭찬이라고 할 수 있다. 따라서 듣는 사람도 부정하지 않고 받아들일 수 있다.

또한 "시원시원하다", "화끈하다"와 같은 비유적인 칭찬도 효과적이다. 이는 겉모습만이 아니라 행동 방식이나 페어플레이 정신에 대해서 칭찬할 수 있는 표현이다.

"시원시원하군!"

예를 들어 "인사 한번 시원시원하군!"과 같이 말할 수 있다. 거침없는 이미지로 진취적이고 도전적인 이미지를 담고 있다. 실제로 이러한 이미지를 가지고 있는 사람들의 행동과 인생관을 들여다보면 유쾌한 삶을 사는 경우가 많다.

예를 들어, 말끝을 얼버무리거나 "~ 같다"라고 말하는 대신 직설적인 "~다"와 같이 단정조로 말하는 사람에게도, "말투가 시원시원하시네요", "자네는 시원시원해서 같이 일하기 좋아"와 같이 말할 수 있다.

 칭찬화술

미적 감각이 좋은 사람에게

"잘 어울려!"

이는 상대방의 외모를 칭찬할 때 쓸 수 있는 가장 무난한 표현이다. 어울린다는 것은 결과적으로 아름다운 모습이라는 것을 의미하기 때문이다. 또한 옷에 대한 탁월한 선택 방법 등 외면과 내면 모두를 칭찬하는 표현이기도 하다.

또한 상대방이 소유하고 있는 물건을 칭찬하게 되면, 어떻게 그것을 손에 넣게 되었는지에 대해 설명하게 되는 경우가 많다. 대화의 실마리를 풀거나 칭찬을 시작하기 위한 표현으로써 효과적이다.

그 밖에 "잘 어울려"라는 말만 할 것이 아니라 "어디서 샀어?"와 같은 추가적인 질문을 하는 것도 좋다. "~에서 샀어", "그럼 다음에 그곳에 나와 같이 가자"와 같이 더 많은 대화를 이끌어낼 수 있다.

"센스가 좋구나!"

예를 들어 "센스가 좋은걸!", "뛰어난 감각의 소유자네" 등과 같이 쓰일 수 있으며, 옷이나 소품, 음식점의 선택, 디자인 계열, 광고 문안 작성에 이르기까지 폭넓은 부분에서 사용할 수 있는 말이기도 하다.

이 말도 들어서 기분 나쁜 사람은 없을 것이다. 단, 상대방과 경우에 따라 자세하고 구체적으로 표현할지, 막연하게 표현할지 구분해서 사용하자.

"좋은 시계네!"

"좋은 옷이네!"와 같이 몸에 걸치고 있는 것을 칭찬하는 표현은 여러 가지가 있다. 여기서 말하는 '좋은'은 센스가 좋다는 것이 아니라 돈을 꽤 많이 투자했다는 것을 의미한다.

상대방이 특히 애정을 갖고 있는 것이 무엇인지 파악해 칭찬해보자. 남성에게는 "그 양복 정말 좋은데요"라는 말이 기분 좋은 칭찬이 될 수 있다. 또 여성에게는 구두나 가방을 칭찬하는 방법이 있다.

"참 세련됐어!"

듣는 사람에게는 결코 부정적으로 들리지 않는 권유할 만한 칭찬 중 하나이다. "액세서리와 옷이 세련됐어!"와 같이 구체적으로 칭찬할 수도 있다. 비슷한 표현으로는 "안목이 역시 남달라"라는 말이 있다.

"소질이 있구나!"

아직 충분히 숙달되었다고는 할 수 없는 사람이나 초보자에게 할 수 있는 표현이다.

"소질이 있구나"라는 말은 열심히 하면 언젠가는 달인이 될 수 있다는 가능성을 내포하고 있다. 또한 "반드시 달인이 된다"라고 단언하는 것이 아니기 때문에 사실에 어긋나지도 않는다. 이는 상대방에게 결코 상처를 주지 않는 추천할 만한 칭찬이다.

"당신의 행운이
나에게도 찾아왔나 봐요!"

"저 사람은
참 괜찮은 사람이야!"

"자네는 참 판단력이 뛰어나군!"

6장
능력과 인간성에 대한 칭찬화술

"남의 이야기를 잘 들어주는구나!"

"자네는 참 결단력이 좋아."

"그것 참 좋은 말이야!"

"알아듣기 쉽게 참 잘 가르치는구나!"

01 칭찬화술

능력을 구체적으로 칭찬하기

"자네는 참 결단력이 있어"

사람은 누구나 매일 무언가를 결정하고 결단을 내리면서 살아간다. 사람들은 그중에서도 결단력이 뛰어난 사람을 높이 평가한다. 특히 회사 내에서 사람을 평가할 때는 그 사람이 확실한 결단력을 갖고 있는지의 여부를 중요하게 본다. 결단력에 따른 결과와 평가는 그 사람을 판단하고 이해하는 데 가장 중요한 포인트이다.

조직의 흥망성쇠는 한순간의 결정에 좌우되는 경우가 많다. 판단을 망설이다가 기회를 놓치거나 만회할 수 없는 실수를 저지르는 경우도 있다. 따라서 결단력에 대해서 칭찬을 한다면, 상대방은 '조직 내에서 당신은 중요한 인재다', '필요한 사람이다' 라는 메시지로 받아들일 것이다.

"자네는 참 판단력이 뛰어나군!"

조직 내에서의 업무는 결과에 대한 책임이 요구된다. 업무의 실행 여부, A안을 실시했을 경우와 B안을 실시했을 경우의 결과, 추가적인 C안의 선택 여부에 대한 장단점을 분석하여, 어떤 선택·전략이 가장 좋은지를 알아내는 능력이 판단력이라고 할 수 있다. 변별력을 높이 산다는 의미에서도 효과적인 칭찬이라고 할 수 있다.

"아이디어가 풍부해"

새로운 제안을 연달아 생각해낼 수 있는 사람이 창의력이 뛰어난 사람이라고 할 수 있다. 아이디어가 풍부한 사람들은 대부분, 항상 새로운 정보에 귀를 기울이고 있거나, 시대 흐름을 파악하는 노력을 게을리하지 않는다. 일본의 최고 자산가인 '소프트뱅크의 회장 손정의' 씨도 매일 노트에 한 가지씩 아이디어를 적어가면서 사업을 구상했다고 한다.

"남의 이야기를 잘 들어주는구나!"

"듣는 능력은 인간의 힘"이라는 말이 있다. 말을 할 때에는 자신의 리듬을 유지하면 되지만, 말을 들을 때에는 상대방의 리듬에 페이스를 맞춰야 한다.

실제로 묵묵히 남의 말을 듣다 보면, 많은 심리적인 에너지를 소모하게 되어 상당히 피곤해진다. 그래서 누군가가 자신의 말을 들어주면 자신의 존재를 인정해주고 있다고 느끼게 된다.

앨런 피즈와 바바라 피즈의 책 『말을 듣지 않는 남자, 지도를 읽지 못하는 여자』를 읽어보면, "결혼한 여성들의 최대의 불만은 남편이 자신의 이야기를 들어주지 않는다는 것이다"라는 말이 있다.

'듣는다' 라는 것은 상사의 입장에 서 있는 사람들에게 가장 필요한 능력이라고 할 수 있다. "남의 이야기를 잘 들어주는군요"라는 칭찬에는 '당신은 정말 뛰어난 리더군요' 라는 의미가 담겨 있다.

"알아듣기 쉽게 참 잘 가르치는구나!"

알기 쉽게 잘 가르친다는 것은 지식이나 기능 등의 뛰어난 능력을 갖고 있다는 사실이 전제된다. 따라서 "알아듣기 쉽게 잘 가르치는구나"라는 말에는 그 사람의 잠재력, 직무 수행 능력이 뛰어나다는 의미가 담겨 있다. 또한 알기 쉽게 설명할 수 있는 표현력이나 지도력이 뛰어나다는 의미도 담겨 있다.

"말이 알아듣기 쉬워"

어려운 사실을 알아듣기 쉽게 전달하기 위해서는 특별한 기술이 필요하다. 이 표현에는 '말이 논리적이고 질서정연하다', '말이 정돈되어 있으며 비유나 숫자 사용 능력이 뛰어나다' 와 같은 의미가 담겨 있다.

비슷한 말로는 "화술이 뛰어나다"가 있지만, 이 표현은 '말솜씨에 능하여 상대방을 속이다', '교묘한 말로 사기 치다' 와 같은 뉘앙스를 풍길 수 있으므로 조심해야 한다.

02 칭찬화술

우수한 능력을 자연스럽게 칭찬하기

"그것 참 좋은 말이야"

무심결에 무릎을 내리칠 만한, 상황에 딱 들어맞는 재치 넘치는 말이나 절묘한 표현이 나왔을 때 할 수 있는 칭찬이다.

또한 칭찬하고 있다는 사실뿐만 아니라 상대방의 말에 열심히 귀를 기울이고 있다는 사실을 전달하는 표현이다. 이는 상대방과의 신뢰 관계를 구축하기 위한 인간관계의 첫걸음이라고 할 수 있다.

단, "간만에 좋은 말 하네"와 같은 말은 금물이다. 칭찬은 '항상', 질책은 '드물게'가 전제되어야 한다는 점을 잊지 말자.

"참 이지적이야!"

이지적인 사람들이 사라지고 있는 것은 아니지만 최근에는 그다지 사용하지 않는 표현이다. 이 표현은 누가 보더라도 지성이 넘쳐 보이는 사람에게 쓰인다.

좀 더 구체적으로 표현할 때는 "역시! 그 말은 이지적인 코멘트였어"와 같이 구체적으로 어떤 점이 이지적인지를 말하도록 하자.

"많이 생각했구나!"

비슷한 말로 "깊이 생각하면서 행동하는구나!"라는 표현이 있다. 요즘은 무조건 지시를 따르는 사람이 아닌, 창조적인 자세로 깊이 생각하는 인재가 요구된다. 실제로 항상 생각하면서 일해야 하는 사람에게 이 표현을 쓰게 되면 "당연하지"라고 말하겠지만, 단순하게 반복되는 노동을 하는 사람들에게는 이 말이 칭찬으로 들릴 수 있다. 기계적으로 움직이는 노동에서 벗어나 자신이 그 일을 효과적으로 발전시켰다는 자부심이 들기 때문이다. 단순한 일이라도 자기 나름의 방식을 그 안에서 창조한다면 생산성 향상에도 많은 도움이 된다.

"직감력이 뛰어나구나!"

상대방이 말하지 않아도 상대의 기분이나 상태를 헤아릴 줄 아는 능력을 '직감'이라고 한다. 사실 정확히 말하지 않는 것을 파악하는 방법과 요령은 정리하기도 어렵고 정리할 수도 없다.

'직감'과 비슷한 표현으로는 '통찰력', 마음과 마음이 통한다는 뜻의 '이심전심'이 있다. 특히 '이심전심'은 동료 의식과 공동체 의식을 높일 수 있는 표현이다.

"현명해!"

현명한 선택을 하는 것은 어려운 일이다. 선택에 따른 결과가 긍정적이냐, 부정적이냐에 따라 현명함과 어리석음으로 나뉜다. 보통 "현명하다"라는 말은 그다지 상황이 좋지 않을 경우에 쓰이는 경우가 많다.

선택에 따른 결과가 긍정적으로 나타나면 '괜찮은 선택을 했네'라는 정도의 의미가 될 수 있지만, 비관적인 상황에서 손해를 최소화할 수 있는 선택을 했을 경우에, "현명한 선택을 했어"라고 말할 수 있다.

"두뇌 회전이 빠르구나!"

모 인기 게임 소프트웨어의 영향인지 몰라도, 최근에는 "두뇌 연령이 젊다"라는 등의 표현이 자주 사용되고 있다.

"머리가 좋다"라는 말은 일반적인 표현이지만, 얼굴을 마주 보고 말하게 되면 '약삭빠르고 잔머리를 굴리는'과 같이 다소 비아냥거리는 뉘앙스로 들릴 수 있다. 같은 말이라도 "두뇌 회전이 빠르다"라고 말하거나 "머리가 명석하구나"라고 말한다면 상대방에게 불쾌한 느낌을 주지 않는다.

이러한 표현은 예를 들어, 영업 거래처에서 문제가 생겼을 경우에 민첩하게 대응할 줄 아는 사람에게 사용할 수 있는 표현이다.

03 칭찬화술

독특한 표현으로 칭찬하기

"넌 참 운이 강한걸!"

"운이 좋다"라고 말하면 노력을 인정받은 것이 아니라 '어쩌다 일이 잘 풀렸다'라는 의미로 받아들일 수 있다. 하지만 "운이 강하다"라고 말하면 능력을 평가받고 있으며 인정받고 있다고 느낄 것이다. 더욱이 '당신은 행운을 부르는 사람이다'라는 뜻이 전해져 상대방의 마음을 매우 기쁘게 할 수 있다.

'경영의 신'이라고 불리는 마츠시타 전기의 창업자 마츠시타 고노스케가 말했다. "스스로 운이 좋다고 생각하는 사람은 운이 강한 사람이다." 스스로 자신은 운이 좋은 사람이라고 여겨야 매사에 좋은 결과를 얻을 수 있다는 것을 잊지 말자.

"입은 거칠지만 좋은 사람이야"

'입은 거칠지만'이라는 부정적인 표현과 함께 쓰인 칭찬 표현이다. 이 표현은 '물론 단점도 있지만, 이 단점을 모두 덮을 만큼 좋은 사람이야'라는 의미로 해석할 수 있다. 또 그냥 '좋은 사람'이라고만 말하는 것보다 '입은 거칠지만'이라는 부정어를 앞서 사용함으로써 그 사람의 성격에 관한 정보까지 얻을 수 있게 된다.

사람은 누구나 장·단점이 있다. 인간관계가 좋은 사람은 한 가지 장점이 열 가지 단점을 모두 덮을 만큼 그 장점이 특출하기 때문이다. 사람의 단점만 보려 하지 말고 장점을 살려 본다면 단점은 더 이상 단점으로 눈에 띄지 않을 것이다.

"보기 드물게 ~하시네요"

'보기 드물게' 대신에 '의외로', '예상외로', '상당히', '비교적'이라는 낱말로 바꿔쓸 수 있다.

상대방을 칭찬하는 의미로 사용되는 표현이지만, 오히려 이 말 때문에 역효과를 낳는 경우도 있다. 솔직한 감정을 전달하는 것은 좋지만, 칭찬할 때는 상대방의 입장에 서서 상대방이 들었을 때 가장 기뻐할 만한 칭찬을 선택해야 한다.

또한 '의외로'라는 말을 덧붙이지 않고, 단순히 "정말 젊고 아름다우십니다", "많이 생각했군요"라고 말하는 편이 좋다. "의외로 많이 생각했군요"라고 말하게 되면 상대방은 '내가 그렇게 멍청해 보이나?'라고 생각할 수 있기 때문이다. "의외로 친절하시군요"라는 말에 상처받는 사람도 있을 것이므로, 정말 효과적인 표현인지 신중히 생각해보면서 칭찬하도록 하자.

"당신의 행운이 나에게도 찾아왔나 봐요!"

"당신을 만난 후로 좋은 일만 생기는 것 같아요"라는 말을 들어본 적이 있는가! 운의 정도를 숫자로 나타내거나 실제로 증명할 수는 없지만 상대방에게 기쁨을 줄 수 있는 표현이다.

"당신의 행운이 나에게도 찾아 온 것 같아요", "당신을 만난 후로 좋은 일만 생기는걸요", "당신은 복을 가져다주는 존재예요", "당신이 나에게 행운을 가져다주었죠" 등 여러 가지의 말이 있다.

"저 사람은 참 괜찮은 사람이야!"

상대방이 자신에게 베푼 호의가 진심으로 느껴졌을 때 사용할 수 있는 말이다. 또한 당사자에게 직접적으로 표현하기보다는 다른 사람을 거쳐 표현하는 예이기도 하다.

단순히 IQ가 높다고 해서 괜찮은 사람은 아니다. 모든 언행이 도리에 맞게 행동하는 사람을 두고 할 수 있는 말이다.

"괜찮은 사람이군요." 이 말 속에는 '기회가 닿는다면 당신과 한번 진지하게 이야기를 나누고 싶어요' 라는 뜻이 담겨 있다.

"저 사람은 고생을 많이 한 사람이야"

'고생한 사람' 이라는 말에는 단순히 고생을 한 사람이라는 의미만을 갖고 있지는 않다. 고생을 통해 인격을 수양했으며, 상황 판단과 이해력이 뛰어나다는 의미도 갖고 있다. 또한 어려운 입장에 있는 사람들과 공감할 수 있는 인간성을 갖췄다는 말이기도 하다. 그러나 이 말을 주의해서 쓰지 않으면 '남들은 겪지 않아도 될 일을 불쌍하게 겪었다' 라는 의미로 전달될 수 있으니 상황과 상대에 맞게 적절히 써야 한다.

반대로 "그는 고생한 티를 내지 않아"라는 말이 있다. 이 표현은 '실제로는 고생했지만 이를 태도나 표정에 나타내지 않고 언제나 즐거운 모습만 보여준다' 라는 긍정적 의미를 담고 있다. 지나온 세월에 대한 고생은, 자신만의 노하우나 연륜으로 쌓여 다른 사람들의 좋은 귀감이 될 수 있다.

04 칭찬화술

칭찬을 쑥스러워하는 사람에게

"똑똑한걸!"

똑똑하다는 말에는 상대방을 높이 평가한다는 의미도 포함되어 있지만, 비꼬아서 쓰게 되면 '저 사람은 상당히 약삭빠르다', '넌 참 약삭빨라'와 같이 '간교하다', '영악하다', '교활하다'는 뜻으로 사용될 수도 있다.

상대방에게 간교하다는 뉘앙스를 풍기지 않기 위해서는 "배려심이 깊다", "생각이 깊구나"와 같은 말이 적절하다.

"총명해!"

총명한 사람은 '이 방법밖에 없어'라고 결론짓기보다 여러 가지 가능성을 고려하는 사람이다. 총명한 사람이 되기 위해서는 줏대 없이 남의 주장만 따르는 것이 아니라 여러 사람들의 의견에 귀를 기울일 줄 아는 마음의 여유가 있는 사람이다.

또한 '총명하다' 라는 말은 발음상에서도 밝은 이미지를 느낄 수 있다. 함께 쓸 수 있는 표현으로는 '총명한 아이', '총명한 여성', '총명한 남자' 등이 있다.

또 '현명한 아내', '현모양처' 라는 말도 있듯이, 현명한 아내는 총명한 여성을 의미하기도 한다. 예를 들어 결혼 후에도 회사와 가정 일을 소홀히 하지 않고 현명하게 대처하는 사람을 총명하다고 말할 수 있다.

"천재구나!"

'천재', '수재' 라는 표현은 주의를 요한다. 두 표현 모두를 꺼려하는 사람도 있을 것이며, '천재' 라는 표현은 싫어하지만 '수재' 라는 표현은 좋아하는 사람도 있을 것이다.

천재는 '노력 없이 성공한 사람' 이라는 뉘앙스를 풍길 수 있다.

따라서 어떤 일을 처음 했을 때 소질을 보인 경우 등에 한해서 표현하는 편이 나을 수도 있다.

또한 그냥 '천재' 보다는 "자네의 ~은 천재적이야"와 같이 구체적인 부분을 지적하여 '천재적' 이라고 표현하는 편이 좋다.

"인간관계가 넓구나!"

인품이나 인간성이 좋은 사람은 사람의 마음을 끌어당길 수 있는 힘이 있다. 또한 뛰어난 사교성과 원만한 인간관계는 사회생활을 하는 데 있어서 중요한 요인이다. 인간성이나 사교성은 겉으로 보이지 않지만 그 사람을 판단하는 잣대가 됨은 틀림없다.

자신의 잠재되어 있는 사교성이나 자신만의 장점을 이끌어내어 향상시키겠다는 마음가짐이 중요하다.

 칭찬화술

리더십이 강한 사람에게

"부하직원을 잘 보살피는군!"

부하직원을 정성으로 지도하는 사람에게 사용하는 표현이다.

이 칭찬에는 부하직원들이 상사를 믿고 묵묵히 따른다는 느낌이 내포되어 있다. 강력한 리더십도 중요하지만 인간미가 넘치고 상대방을 존중하는 사람에게는 "남을 잘 보살핀다"라는 말이 적절하다.

"자네는 참 리더십 있어"

이 표현은 '주위를 잘 둘러보고 구성원들의 능력을 최고로

끌어올려 하나의 성과물로 연결시키는 능력을 갖춘 사람'을 칭찬하는 말이다.

'리드(lead)'라는 단어에는 '전류를 통과시키는 선'이라는 의미가 있다. 예를 들어 가전제품에 리드선이 없다면 여러 부품들이 담겨져 있는 상자에 불과할 것이다. 리드선을 통해 회로가 연결되면서 청소기는 청소기, 전자레인지는 전자레인지로서의 역할을 담당할 수 있게 된다.

이처럼 리더는 각자 흩어져 있는 개인을 연결시키고, 인간관계 회로를 연결하여 조직이 일체화된 기능을 담당할 수 있도록 이끌어나간다. 리더를 인정해주는 것은 상당히 중요한 일이다. 리더는 인간관계의 촉매제 역할을 담당함으로써 직원 간의 대화와 소통을 활발하게 만들고, 업무가 순조롭게 진행될 수 있도록 도와주는 등, 조직에서 꼭 필요한 인재이다.

"본받고 싶은 사람이야"

이 표현에는 '당신은 모범적인 사람이다'라는 의미가 담겨져 있다. 다른 사람들의 모범이 될 만한 존재라고 말한다는 것은, 상대방으로부터 배우고자 하는 자세를 보이는 것이기도 하다.

"항상 진지하게 임하는 자세를 본받고 싶네요", "역경에 부딪쳐도 결코 굴하지 않고 가능한 일을 꾸준히 해나간다는 점은 정말 본받고 싶네요" 등과 같이 구체적으로 말하는 것이 보다 효과적이다.

"사람을 끌어당기는 힘이 있어"

사람들을 쉽게 다가오지 못하게 만드는 사람이 나쁘다는 것은 아니지만, 마음을 끌어당기면서 곁에 다가가고 싶게 만드는 것은 그 사람의 능력이라고 할 수 있다.

사람을 끌어당길 수 있는 사람은 팀워크에 필요한 핵심적인 인물이 될 수 있으며, 영업을 하는 데 있어서도 고객의 마음을 사로잡아 좋은 실적을 올리게 된다.

"사람을 끌어당기는 힘이 있네요"라는 말은 매력적인 측면을 칭찬하는 표현으로, 듣는 사람에게 기쁨을 줄 수 있는 칭찬이다.

06 칭찬화술

인간관계가 좋은 사람에게

"함께 있으면 즐거워!"

시대를 막론하고 호감 가는 사람의 타입을 살펴보면, '함께 있으면 즐거운 사람'을 꼽을 수 있다. 호감 가는 사람이야말로 어느 곳에서든 인기 만점이다. 그래서인지 이성에게 인기가 많고 호감을 살 수 있는 사람을 부러워하기도 한다.

함께 있으면 즐겁다는 것은, 부드러운 분위기를 조성하는 사람, 나의 존재를 받아들여주는 사람, 마음으로 눈으로 배려를 아끼지 않는 사람이라는 사실을 의미한다.

상대방에게 그러한 측면이 있다면 자연스럽게 "함께 있으면 즐거워요"라고 칭찬하자. 상대방도 기뻐할 것이다.

단, 주의할 점은 너무 쉽게 이 표현을 이성에게 쓴다면 상대방이 자신을 좋아한다고 착각하거나 오해할 수 있으므로 주의할 필요가 있다.

"친구가 많구나!"

듣는 사람도 이 짧은 표현 속에는 몇 가지 의미가 담겨 있음을 알고 있다. "친구가 많다"라는 말은, 즉 '주위 사람들로부터 신뢰를 얻고 있다', '우정을 중요시 한다', '친구에 대한 배려심이 깊다', '배신하지 않는다' 라는 등의 의미가 내포되어 있기 때문이다. 친구가 많다는 것은 그 사람의 평소 언행을 파악할 수 있기도 하다.

"자네는 참 협조성이 뛰어나!"

기업이나 조직 내에서의 업무는 개별 행동이 아니기 때문에, 자신의 장점을 살리면서 다른 사람들과 협력하여 업무를 추진해 나갈 필요가 있다.

독립적·독보적인 정신은 나쁘지는 않지만, 팀의 화합을 깨뜨려 조직 전체의 의욕을 떨어뜨릴 수 있으므로 항상 주의해야 한다. 따라서 협조를 잘하는 사람은 주위 사람들의 상황을 잘 관찰하며 조화롭게 목표를 향해 업무를 추진해나가는 사람이라고 할 수 있다.

이 표현 외에도 "직장의 조화를 잘 도모한다"라는 표현을 사용할 수 있다.

음악의 경우에도 '도' 음만을 거듭하여 소리 내면 느낌이 단조로워지지만, '도', '미', '솔'을 같이 연주하면 하모니를 만들어낼 수 있는 것처럼, 모두가 다르다는 것은 서로의 다양성을 인정하고, 그 속에서 아름다운 하모니를 만들어낼 수 있어야 한다는 의미를 담고 있다. 다른 사람의 소리에 귀를 기울이면서 연주한다면 '훌륭한 팀플레이'를 발휘할 수 있다. 그리고 이런 사람을 칭찬하는 것도 팀의 발전에 큰 도움이 된다.

"참 친절하구나!"

이는 상대방에 대한 예의가 좋다는 의미이자 잘 돕는다는 뜻이기도 하다. 상대방을 돕기 위해 충고를 아끼지 않는 사람이나 상대방의 마음을 편안하게 해주는 사람에게 이와 같이 표현할 수 있다.

"상황판단이 빠르구나!"

이는 분위기를 깨지 않고 그 자리의 에너지를 잘 파악하면서 말과 행동을 하는 사람에게 사용하는 표현이다. 그 자리의 분위기를 잘 파악하기 위해서는 관찰력과 상황 판단 능력이 뛰어나야 한다. 또한 이를 실제로 행동에 반영시킬 수 있는 능력도 필요하다. 이러한 능력은 경험을 통해서 단련되는 경우가 많기 때문에 '역시 경험이 풍부해'라는 의미가 될 수도 있다.

"화제가 풍부하구나!"

직장에서 원활한 인간관계를 만들기 위해서는 업무에 대한 화제뿐만이 아니라, 취미나 사회, 연예계, 스포츠 등 여러 분야에 대한 화젯거리를 갖고 있어야 한다. 여러 가지 화젯거리를 갖고 있으면 사람들과 대화를 나누기가 쉽기 때문이다.

반대로 업무에 대해서만 대화를 나누게 되면 아무래도 사람들과의 대화가 줄어들 수밖에 없다. 업무상의 용건이 아니더라도 꾸준히 만날 수 있는 사람을 만들어 자신의 인간관계를 넓힐 수 있어야 한다.

07 칭찬화술

기대를 걸고 있는 사람에게

"자네한테 맡긴다면 믿을 수 있어"

이 칭찬은 상대방의 능력을 인정하고, '당신은 일을 제대로 해내는 사람이다' 라는 신뢰감을 전하는 표현이다. 단, 자칫 업무를 자신에게만 떠맡기려 한다는 오해를 살 수 있으므로 칭찬한 이후의 지원 또한 중요하다.

"자네는 참 특별한 사람이야"

"협조성이 있다"라는 칭찬과 비교해볼 때, 이 칭찬은 독주가 타입인 사람한테 할 수 있는 표현이다. 유일함을 중요시하는 사람에게는 "자네는 남들과 전혀 달라. 자네는 정말 남들에게는 없는 독특한 장점이 있어"라는 식으로 칭찬해보자.

단, 사람에 따라서는 '내가 그렇게 이상한가?' 라고 생각하고 '유별난 사람'이라는 의미로 받아들일 수도 있으므로 주의해서 사용해야 한다.

"너라야만 해!"

그 일의 최고이자 유일하다는 의미로 쓰일 수 있는 표현이다. 자신의 존재를 인정하고 있을 뿐만 아니라 자신의 능력까지 대우받고 있다는 생각이 들 것이다.

그러나 자칫 '특별하다'는 의미보다 더 강압적이고 부담스럽게 느껴질 수 있으므로 주의해서 사용해야 한다.

"미래가 촉망되는걸!"

젊은 사람에게 사용하는 칭찬이다. "소질이 있구나"라는 말과 마찬가지로 가능성에 대해서 언급하는 표현이다. 실제로 이 말은 상대방의 의욕을 끌어올릴 수 있다.

비슷한 의미로, "이 직장의 에이스야", "희망이야", "기대주야"와 같은 말이 있다. '희망', '에이스'와 같은 표현은 상대방의 업무 수행 능력이 뛰어날 경우에 쓰지만, "미래가 촉망된다"라는 말은 결과물이 없는 상태에서도 사용할 수 있는 장점이 있다.

"믿음직스러워!"

이 표현은 '당신은 신뢰할 수 있다', '당신은 유능하다' 라는 의미를 내포하고 있다. 대부분의 사람들은 유능함을 증명해 보이고자 하는 욕구가 있기 때문에 이를 긍정적인 의미로 받아들일 것이다. 그러나 몇몇 사람들 중에는 "믿음직스럽다"라는 표현을 싫어하는 경우도 있다. 누군가가 자신에게 의지하거나 의존하는 것을 싫어하는 사람, 자기 생활을 방해받고 싶지 않다는 욕구가 강한 사람은 이 말에 대해서 심리적 부담감을 느낄 수 있기 때문에 주의할 필요가 있다.

또한 직장 상사에게 이러한 표현을 사용하게 되면 건방진 소리로 들릴 수 있다. 따라서 부하직원과 같이 자립심을 촉구해야 할 상대에게 써야 하는 표현이다.

 08 칭찬화술

감사의 마음을 전하고 싶은 사람에게

"함께 일할 수 있어서 기쁩니다"

사람은 궁합이라는 게 있어서 파장이 맞는 동료와 업무를 하게 되면 유쾌한 기분으로 일할 수 있다.

이 말을 듣고 기분 나빠 할 사람은 없을 것이다. "자네는 능력이 있어"라는 말에 대해서는 약간의 거부감을 느낄 수 있지만, "자네와 함께 일할 수 있어서 기뻐"라는 말을 들으면 상대방도 부정하지 않고 받아들일 수 있을 것이다.

"~ 씨 덕분입니다"

진행하고 있던 일이 잘 해결되었을 경우에, '나라는 존재와

나의 기여가 성공을 이끌었다'라고 인식하게 되면 할 수 있다는 자신감이 붙게 된다.

즉, 다른 사람의 도움과 노력 덕분에 자신이 성공하거나 성과를 올렸다면, 그 공을 도와준 사람에게 돌려보도록 하자. 진심으로 "도와주셔서 고맙습니다", "도와주신 덕분입니다"라고 말하게 되면, 상대방 또한 사기가 충전되어 더 많은 가능성을 보여줄 것이다.

덧붙이자면 고마운 마음을 전할 때에는 "~ 씨"와 같이 이름을 부르는 등 고유 명사를 써서 감사의 뜻을 전하면 보다 효과적이다.

"신경 써줘서 기뻐!"

'기쁘다'라는 표현은 여러 가지로 쓰일 수 있다. 또한 "신경 써줘서 고맙다"는 말은 일반적이지만, "신경 써줘서 기쁘다"라는 말은 미묘하게 다른 어감을 줄 수 있다. 즉, 평소 친하지 않다고 느꼈거나 서로 관심이 없다고 느낀 상대방에게 이 말을 해주면, 상대방은 이전보다 더 많은 관심을 기울여줄 것이다. 상대방에게 이와 같이 자신의 감정을 솔직하게 표현해보자. 상대방과의 관계가 발전될 수 있을 것이다.

"고마워"

짧은 표현이지만 들어서 가장 기분 좋은 말 중 하나이다. 이 표현의 배경에는 '잘했어'라는 상대방의 공적이나 노력을 칭송하는 마음이 담겨져 있다.

언어학적으로 엄밀하게 분류하면, 이 말은 칭찬에 포함되지 않을 수도 있다. 그러나 실제로 듣는 사람에게는 기분 좋은 표현이기 때문에 효과적인 칭찬이 될 수 있다.

특히, '당신이 해준 일은 흔한 일이 아니라 신기하고 드물 정도로 굉장한 일이다'라는 뜻을 전하고자 할 때에는 반드시 "고마워"라는 말을 전하도록 하자.

누군가가 엘리베이터 문이 닫히지 않도록 버튼을 눌러줬을 때, "죄송합니다"가 아니라 "고맙습니다"라고 큰 목소리로 말해보자. 또한 무언가를 끝낼 때에도 "이제 마무리 지으시죠"가 아니라 "일을 끝마쳐주셔서 고맙습니다"라고 말해보자.

하루에 백 번 이상씩 "고맙습니다"라고 말한다면, 너무 사소해서 지나쳤던 사람들의 작은 친절이나 배려를 느낄 수 있게 된다. 이 표현은 그 자리의 분위기를 따뜻하고 밝게 만드는 효과도 있다.

EPILOGUE

칭찬은 인생의 윤활유와 같다

우선 이 책을 끝까지 읽어준 독자 여러분께 감사의 인사를 드립니다.

제가 '대화의 기술'에 관심을 갖게 된 계기는 이 책의 공동 저자인 '혼마 마사토' 선생님의 저서, 『입문 비즈니스 코칭』을 읽은 것으로부터 시작되었습니다.

제가 마사토 선생님의 책을 읽으며 배운 점은, 인간관계의 기본은 상대방을 인정하는 것이며, 인정한다는 것은 '칭찬한다'는 것이었습니다.

실제로 직장인들을 대상으로 조사한 결과, 자신을 칭찬해주는 상사와 동료를 믿고 따르는 경우가 많았습니다. 또 업무

실적이 올랐을 때에는 "~ 씨 덕분입니다"라고 자연스럽게 감사하는 말을 할 줄 알아야 한다는 점도 깨닫게 되었습니다.

그러나 안타깝게도 사람들은 '칭찬'에 상당히 인색했습니다. 막상 칭찬을 하려고 해도 어떻게 칭찬을 해야 하는지조차 모르는 사람이 많았습니다. 그래서 저와 마사토 선생님이 제일 시급하다고 생각한 것이 바로 '칭찬 리스트'를 만드는 것이라고 보고 '칭찬 표현'을 늘리는 것에 중점을 두었습니다.

앞서 마사토 선생님도 언급하셨듯이, 저는 강연할 때마다 '내가 듣고 싶은 칭찬 리스트'를 5분 이내에 30가지 표현을 적어내도록 하고 있습니다. 지금까지 직장인 약 10만 명 이상에 달하는 사람들에게 이를 실시해본 결과, 5분 이내에 30가지 표현을 적어낸 사람은 5퍼센트 미만에 불과했으며, 15가지 전후의 표현을 적어낸 사람이 대부분이었습니다.

칭찬은 어려운 것이 아닌데도 사람들의 무관심으로 점점 우리의 삶에서 멀어져가고만 있습니다.

저는 마사토 선생님과 3년 전부터 이 책을 준비했습니다. 책의 마지막 부분에 마련되어 있는 '〈부록〉즉시 활용할 수 있는 칭찬 리스트'는 상황과 상대에 따른 적절한 칭찬 표현을 정리해놓은 것입니다. 이 책이 당신의 칭찬 레퍼토리를 다양하게 늘려주고, 더불어 상대방에게 적합한 칭찬을 재빨리 표현할 수 있는 데 큰 도움이 되길 바랍니다.

저는 칭찬이야말로 나 자신을 발전시킴과 동시에, 다른 사람과 함께 더불어 살 수 있는 가장 현명한 선택이자 방법이라고 생각합니다. 사회생활과 가정생활이 전쟁터와 같다고 느껴진다면 지금 이 순간부터 자기 자신부터 칭찬해보세요. 자신의 마음이 웃게 되면 저절로 자신감도 생기고, 다른 사람도 칭찬할 수 있는 여유가 생깁니다. 이 책의 많은 칭찬 표현들을 믿고 따라해 보세요. 분명 당신의 인생이 편안해지면서 즐거워질 것이라고 확신합니다.

유카와 교코

197

내가 듣고 싶은
칭찬 리스트

1.
2.
3.
4.
5.
6.
7.
8.
9.
10.
11.
12.
13.
14.
15.

16.
17.
18.
19.
20.
21.
22.
23.
24.
25.
26.
27.
28.
29.
30.

"당신이 내게 해준 일은 아무나
할 수 있는 일이 아니었어요."

"이 일은
꼭 자네라야만 해!"

"훌륭한 부모님
밑에서 자랐구나."

"입은 거칠지만 자네는
좋은 사람이라는 거 내가 알아."

| 부록 |

즉시 활용할 수 있는 칭찬 리스트

"당신은 큰 소리 한번 없이도 들을 묵묵히 따르게 만드네요."

"자네는 하나를 알려주면 열을 아는군."

"심지가 곧으세요."

"결혼하시면 분명 2세도 예쁘겠는걸요."

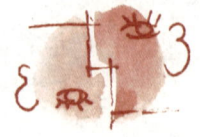

■ 가족에 대한 칭찬

"가정환경이 좋군요!"
"가족 모두 집안일에 적극적이군요."
"가족 모두가 운동을 잘하시나 봐요!"
"가족이 서로 격려를 아끼지 않는군요!"
"가족이 서로 배려하는 모습이 보기 좋네요."
"남편분이 부럽습니다."
"따님이 어느새 어엿한 어른이 되었네요."
"따님이 예쁘시네요."
"따님이 어머니를 닮아 미인이시군요."
"모든 문제를 대화로 푸시는군요!"
"부모님께서 자립심이 강하게 키우셨나 봐요."

"부모님의 자녀 사랑이 특별하시군요."
"부부가 너무 잘 어울리세요."
"부인이 현모양처시네요."
"사모님이 참 미인이시네요."
"아드님의 성공은 모두 부모님 덕분이군요!"
"아드님이 아버님을 닮아 미남이시군요."
"아드님이 참 잘생기셨어요."
"아버지가 참 가정적이시군요!"
"아이가 총명하네요."
"아이들의 인생 스승이 바로 부모님이셨군요!"
"어머니의 교육열이 대단하시군요!"
"자녀들은 부모님을 제일 존경하는군요!"
"자녀들이 모두 훌륭히 자랐네요!"
"자녀들이 부모를 공경할 줄 아는군요."
"정말 끈끈한 가족애가 느껴지네요!"
"집안 분위기가 좋아요."
"집안에서 웃음소리가 끊이지 않는군요!"
"집안일을 분담해서 하는군요!"
"참 행복하고 단란한 가정이신 것 같아요."
"항상 아드님이 자랑하는 어머님(아버님)이시군요!"

"항상 유머가 넘치는군요!"

"현명한 아내를 두셨군요."

"형제 모두 성적이 우수한 학생이네요."

"형제간의 우애가 좋군요!"

"훌륭한 부모님 밑에서 자랐구나."

■ 고마운 마음을 담은 칭찬

"~해주는 것은 너뿐이야."

"~해줘서 정말 고맙네."

"고마워! 자네는 정말 모르는 게 없군!"

"그것 참 좋은 지적이야."

"그렇게 말씀해주신다니 과찬이십니다."

"나도 당신을 항상 생각하고 있어요."

"나도 응원할게."

"나를 먼저 생각해줘서 고마워."

"나한테는 너밖에 없어."

"날 웃게 하는구나."

"남아서 일해준 덕분에 정말 도움이 많이 되었어."

"내 말을 항상 잘 들어줘서, 고마워."

"내가 더 많이 사랑해."

"내게 사실을 말해줘서 고마워."

"내게 신경 써줘서 기뻐!"

"너 때문에 살맛이 나!"

"너로 인해 참 행복해."

"너와 함께 있으면 화났던 마음도 누그러져."

"너의 마음을 느낄 수 있어서 좋았어."

"넌 내 둘도 없는 진짜 친구야."

"넌 내게 보석 같은 존재야."

"넌 좋은 사람이야."

"넌 천사야."

"네가 없었다면, 난 어떻게 되었겠니."

"네가 있어서 정말 다행이야."

"다른 사람의 입장을 항상 고려하는군요."

"당신 덕분입니다."

"당신은 내게 힘을 주는 사람이에요."

"당신은 저의 은인입니다. 언젠가 꼭 보답하고 싶어요."

"당신을 만난 후로 좋은 일만 생기는 것 같아요."

"당신을 알고 있다는 것이 너무 기뻐요."

"당신의 그 빛나는 모습을 보고 힘을 얻었어."

"당신의 행운이 나에게도 찾아온 것 같아요."

"당신이 나에게 행운을 가져다주었죠."

"당신이 내게 해준 일은 아무나 할 수 있는 일이 아니었어요."

"당신이 빌려준 이 책은 참 감동적이었어요."

"덕분에 좋은 걸 구경했어."

"도와주셔서 고맙습니다."

"도와주신 덕분에 모든 게 제 생각대로 되었어요."

"도와주신 덕분에 운도 저절로 따랐어요."

"앞으로 오랫동안 이 직장에서 일해 주셨으면 합니다."

"오늘은 정말 즐거웠습니다. 고맙습니다."

"일을 잘 끝마쳐주셔서 고맙습니다."

"자네 덕분에 회사 분위기가 더 사는 것 같아."

"자네 상사라는 사실이 더 없이 기뻐."

"자네는 행운을 불러오는 사람이야."

"자네의 ~에 정말 감동했어."

"자넨 우리 회사의 복덩어리야."

"작은 일에도 진심으로 기뻐해줘서 고마워!"

"제게 이런 능력이 있었는지 몰랐어요. 고마워요."

"제겐 영광입니다."

"좋은 충고해줘서 고마워."

"진짜 내 가족처럼 남을 돌보시는군요."

"참 따뜻한 사람이야."

"항상 고맙게 생각하고 있어요."

■ 능력·실력에 대한 칭찬

"~ 씨만이 해낼 수 있는 성과야."

"~에 한해서는 천하제일이야!"

"~할 때 자네가 가장 빛나 보였어!"

"경영 감각이 탁월하세요!"

"경제 정보를 훤히 꿰뚫고 있군요."

"과연, 베테랑다운 기술 실력이시네요."

"관록이 따르시나 봅니다."

"국어 실력이 대단한걸!"

"그래. 이보다 더 잘할 수는 없어!"

"기억력이 굉장히 좋군요!"

"기획력이 탁월하군."

"깔끔한 업무 처리가 타의 추종을 불허하는군."

"내가 자네 나이 때는 그만큼도 못했어. 정말 대단해."

"냉정하고 이성적인 판단이었어!"

"너에게 맡긴다면 믿을 수 있어."

"너의 ~은 최고야!"

"너의 탁월한 결정에 박수를 보내!"

"너처럼 되고 싶어!"

"넌 역시 천하무적이야. 상대할 사람이 없겠어."

"네가 있으면 마음이 놓여."

"늘 기대 이상이네요."

"능력이 좋군!"

"다음에는 어떤 신화를 만들어낼 거야?"

"다재다능하구나."

"당신만의 노하우군요!"

"당신은 진리가 뭔지 아는 사람이군요."

"당신의 말은 굉장히 설득력이 있네요."

"당신의 모든 성과가 자랑스럽군요!"

"당신의 업무 처리 과정은 정말 천재적이야!"

"당신의 통찰력은 뛰어나요."

"당신이야말로 이 분야에서 천재입니다."

"대단하시네요. 젊은 사람들도 좀 본받았으면 좋겠어요."

"대단한데! 이번 매출 실적이 1위네!"

"대단해. 20퍼센트나 실적을 끌어올렸는걸!"

"돈 버는 재주가 있군. 부러워."

"돈을 모을 줄 아는구나."

"두뇌 연령이 젊으시군요."

"두뇌 회전이 빠르구나!"

"또 해내고야 말았어!"

"마무리까지 완벽해!"

"말이 매우 논리적이군."

"매사 정확해서 믿음이 가는군!"

"머리가 명석하구나!"

"모범적인 사람이야."

"문제 해결 능력이 아주 뛰어나군."

"물샐 틈 없이 완벽해!"

"뭐 하나 특출하게 해낼 것 같아."

"뭐든지 항상 열심히 하는군!"

"미래가 촉망되는걸!"

"믿고 맡길 수 있단 말이야."

"반드시 해내고야 마는 사람이군!"

"보고서 내용이 어디 하나 흠잡을 데가 없군!"

"보고서가 일목요연해서 좋은걸!"

"본받고 싶은 사람이야."

"부럽다는 말로도 부족하겠어!"

"부탁했던 일, 벌써 해낸 거야? 정말 빠르군!"

"분석 능력이 아주 뛰어나!"

"성공 비결이 뭔가?"

"수완이 좋군!"

"시원시원해서 같이 일하기 좋다니까!"

"신념을 갖고 설명한 점이 정말 좋았어."

"실력을 따라올 자가 없군!"

"실력이 뛰어나군!"

"실수를 저지르는 법이 없군!"

"아무나 해낼 수 있는 일이 아니었어. 놀라워!"

"아이디어가 풍부해."

"알아듣기 쉽게 참 잘 가르치는구나!"

"어느 누구도 당신을 우습게 생각하지 못할 거예요."

"어떻게 그렇게 잘 알아? 대단해!"

"어려운 문제를 현명하게 극복했군. 대단해."

"어려운 얘기도 비유나 숫자를 사용하니까 이해하기 쉬운 걸."

"업무 진행이 아주 매끄러워!"

"업무 처리가 똑똑하고 야무지군!"

"업무 파악 능력이 뛰어나!"

"업무에 매진하는 모습이 아주 보기 좋아!"

"역시 경험이 풍부해."

"역시 나무랄 데 없어!"

"역시 남다르세요."

"역시 머리가 비상해."

"역시 모두의 기대를 저버리지 않는군!"

"역시 아는 게 많으시군요!"

"역시 연륜을 무시할 수 없다니까요."

"역시 제일이야!"

"역시, 이 분야에서는 끝내주는구나!"

"예문이 많아서 이해하기 쉬운걸."

"오늘 발표한 프레젠테이션 정말 박력 있었어!"

"온몸에 전율이 느껴질 만큼 대단한 일을 했군요!"

"와~! 정말 대단한데!"

"우리 업계에서 곧 최고의 반열에 오르겠는걸!"

"운전 실력이 전문 드라이버 수준인걸!"

"이 계획서는 알아보기 쉬운걸."

"이 보고서는 설득력이 있어."

"이 일은 꼭 자네라야만 해!"

"이 자격증은 정말 따기 어렵다고 들었는데 대단하네요."

"이건 대단한 기술이야!"

"이번 문제의 핵심을 아주 잘 잡았어!"

"이번 성과가 자네의 이력에 큰 보탬이 될 거야."

"이번 신상품 반응이 아주 뜨거운걸!"

"이번 실적은 상상할 수 없을 만큼 굉장해!"

"이번에 자네가 이룬 성공은 좋은 모범 사례가 될 거야."

"이번에도 실적 1위네. 그런데 비결이 뭐야? 몇 가지만 알려줘."

"이번에도 현명한 선택을 했어!"

"입사한 지 일 년 만에 많은 걸 해냈군!"

"자네 정도라면 더 높은 곳을 바라볼 수 있어!"

"자네가 작성한 제안서는 아주 꼼꼼해서 좋단 말이야."

"자네는 천부적으로 리더십이 있는 것 같아."

"자네는 설명을 참 알아듣기 쉽게 하는군."

"자네는 일을 똑 부러지게 처리하는군."

"자네는 젊으니까 얼마든지 가능성이 있어!"

"자네는 프레젠테이션의 귀재야."

"자네의 기여가 회사를 성공으로 이끌었네. 잘했어!"

"자네의 노하우는 지금까지 본 적이 없어."
"자네의 실무 능력은 팀 내에서 최고야!"
"자네의 판단력은 그 누구도 따라올 수 없어!"
"자넨 우리 모두의 동경의 대상이야."
"자넨 우리 회사의 에이스야."
"재주가 많네요."
"저는 흉내도 못 내겠는걸요."
"절대 피곤한 기색이 안 보이네요."
"젊은 나이에 이만큼 해낼 수 있다니. 참 대단하네."
"정말 못하는 게 없잖아!"
"정말 유능해!"
"정말 참신하단 말이야 ~ 씨만의 노하우로 다른 직원들을 좀 키워줘."
"정보가 참 많으시군요!"
"정확하고 올바른 판단이었다고, 다른 부서의 팀장님들도 감탄하십니다."
"준비가 철저하군!"
"지금보다 더 돋보일 수 있는 자질이 충분해."
"지식이 풍부하시군요."
"집중력이 대단한걸!"

"초고속 승진이군. 축하해요!"
"초보자인데도 이렇게 잘하는군요!"
"최고 대우를 받아 마땅하세요."
"팀장님의 리더십이 우리 팀의 성공을 이끌었어요."
"프로의식이 대단해."
"하나를 알려주면 열을 아는군."
"한 가지를 하더라도 구체적으로 생각하면서 행동하는구나!"
"한 건 제대로 해냈던데, 아주 놀라워!"
"함께 일할 수 있어서 얼마나 기쁜지 모릅니다."
"항상 진지하게 임하는 자세를 본받고 싶네요."
"행동하는 능력이 뛰어나군!"
"화술이 뛰어나네요."
"활동 범위가 넓군요!"
"훌륭한 팀 플레이어야."

■ 미적 감각에 대한 칭찬

"감각이 끝내주는구나!"
"구두가 환상적이다!"

"그 가방 예쁘네."
"그 양복 정말 좋은데요."
"그림을 잘 그리는구나."
"남다른 안목을 가지고 계시네요."
"넌 참 멋쟁이야."
"네 감각은 참 신선해."
"당신의 글씨는 세련되어 보여요."
"디자이너 같아!"
"뛰어난 감각의 소유자네!"
"마니아 기질이 있으시군요."
"물건의 느낌이 참 좋아요."
"물건 보는 눈이 있네."
"뭘 입어도 멋스럽단 말이야."
"뭘 입어도 부티가 나네요."
"미적 감각이 탁월한 것 같아."
"분위기가 참 도시적이야."
"사무실 인테리어가 정말 멋지네요."
"서류스타일이 개성적이군!"
"센스가 좋구나!"
"손재주가 뛰어나구나."

"수수한 매력이 있어요."

"스타일이 좋네."

"액세서리와 옷이 세련됐어."

"어디서 이렇게 멋진 걸 샀죠?"

"어딘가 남들과 달라 보여요."

"여자들이 좋아할 만한 스타일이야."

"역시 멋을 아는 사람이야."

"오늘 헤어스타일이 멋지네요!"

"옷을 잘 입는구나."

"유행을 앞서가는구나!"

"이렇게 독특한 물건은 처음 봐!"

"자신을 꾸밀 줄 아는구나!"

"잘 어울려!"

"좋은 시계네!"

"좋은 옷이네!"

"참 세련됐어."

"특이한 데가 있어."

"패션 감각이 개성적이군."

■ 성격·품성에 대한 칭찬

"가식이 없고 솔직해서 무슨 말을 해도 믿음이 가."

"감성이 풍부하구나."

"겸손하게 행동하시는 모습이 보기 좋아요."

"고민을 잘 들어주시는군요."

"궁금한 건 참지 못하는군요!"

"깨끗이 인정할 줄 아는구나!"

"꾸밈없는 성격이군요."

"낙천적이구나!"

"난 저 사람이 누군가를 욕하는 걸 들어 본 적이 없어."

"남들에게는 없는 독특한 분위기가 있어."

"남에게 폐를 끼치지 않는 사람이야."

"남의 이야기를 잘 들어주는구나."

"너만의 세계가 있어!"

"너의 발명품들은 관찰력에서부터 시작되는구나!"

"넌 참 사랑스러워."

"누가 시키지 않아도 먼저 솔선수범하는군요."

"누구에게나 예의가 바르군!"

"다정다감하구나!"

"당신에게는 마음을 터놓고 말할 수 있게 돼요."
"당신은 고상한 인품을 가졌군요."
"당신은 의협심이 대단하군요!"
"당신은 생활력이 강하군요."
"당신은 참을성이 많군요!"
"당신은 큰 소리 한번 없이도 부하직원들을 묵묵히 따르게 만드네요."
"당신의 재치에 개그맨도 울고 가겠어요!"
"당신의 정직함이 나를 부끄럽게 만들어요."
"당신의 침착함이 나를 살렸어요."
"뒷마무리까지 확실하군요!"
"마음을 편하게 해주는군!"
"말 한번 시원시원하게 잘하는군!"
"말투에 애교가 넘치네요."
"말투와 행동이 참 온화해 보여요."
"맡은 일에는 끝까지 책임을 지는군요!"
"매사 꼼꼼하게 일을 처리하는군요!"
"매사에 적극적이시군요!"
"먼저 베풀 줄 아는군요."
"명랑한 소녀 같아요!"

"명확한 것을 좋아하는군요!"
"무슨 일이 있어도 약속을 지키는군요!"
"무슨 일이 있어도 지각을 절대 안 하는군요!"
"무엇보다 우정을 중요시 여기는군요!"
"무엇이든 할 수 있다는 그 정신력이 훌륭해!"
"문제를 슬기롭게 해결하는군요!"
"뭐든지 바로 실행해야 직성이 풀리는군요!"
"배려심이 깊군!"
"벌써 아는 걸 보니 눈치가 빠르구나!"
"부하직원을 잘 보살피는군!"
"불우한 사람들에게 온정을 잘 베푸는구나."
"불의를 보면 참지 못하는구나."
"사고가 아주 건전하군."
"사고방식이 긍정적이야."
"사람들을 잘 융화시키는군요."
"사람들의 마음을 잘 읽는구나."
"사람을 끌어당기는 힘이 있어."
"사람을 차별하지 않는구나."
"사람을 기분 좋게 만드네요."
"사려가 깊은 사람이군요."

"상냥하게 말하는구나."

"상식에서 벗어나는 법이 없군."

"상황 판단이 빠르구나!"

"새들보다 더 부지런하네."

"성격이 곧군요."

"성격이 유별나지 않아서 좋아."

"성격이 참 밝구나!"

"세상 모든 것에 호기심이 많군!"

"소녀의 감수성을 지니셨군요."

"솔직한 모습이 보기 좋아."

"쉴 새 없이 움직이는군요!"

"스트레스를 받지 않으시는군요!"

"시간을 잘 지키는 것이 꼭 시계 같아요."

"심지가 곧으세요."

"싸워도 뒤끝은 없구나."

"양심을 목숨처럼 지키는군요."

"어느 면으로 보나, 신사세요."

"어린아이처럼 발랄하군요!"

"언제나 매너가 좋으시네요."

"여자친구(남자친구)로 소개시켜줄 만큼 괜찮은 사람이야."

"옳다고 믿는 건 꼭 실행하는군요!"

"외유내강형이군."

"용기를 낼 줄 아는군요."

"유머 감각이 뛰어나시군요!"

"의리 있는 모습이 믿음직스러워요!"

"의지력이 강하시네요!"

"이번 대응은 진심이 담겨 있다는 느낌이 들어서 좋았어."

"이상적인 인생관을 갖고 계시네요."

"이해심이 많으시군요."

"인간관계가 넓구나!"

"인내심이 강해."

"인사 한번 시원하게 하네!"

"인생을 즐겁게 사는구나!"

"일 초의 망설임도 없이 화끈하게 말해주는구나!"

"자네는 누구나가 호감을 가질만 해!"

"자리를 분간할 줄 아는구나!"

"잔꾀를 부리지 않는군!"

"잘 참아냈어. 아주 훌륭해."

"정리 정돈을 잘하는구나!"

"정말 애교가 많군요!"

"정서가 풍부하구나."

"지루하게 만들지 않는구나."

"직감력이 뛰어나구나."

"참 결단력 있어."

"참 관대한 사람이야."

"참 로맨틱해요."

"참 맑고 순수하군!"

"참 매력적이시네요."

"참 믿음직스러워!"

"참 섬세하구나."

"참 이지적이야!"

"참 친절하구나!"

"참 품격이 있으세요."

"참 헌신적이시군요."

"참 협조성이 뛰어나!"

"초면인데도 친근감 있게 대해주시는군요."

"초지일관 변함이 없어."

"추진력이 좋은걸."

"친구가 많구나!"

"친구를 생각하는 마음이 깊군요."

"카리스마가 넘치시네요."

"한 자리에서 오래 있는 모습이 우직해보여요."

"함께 있으면 즐거워!"

"항상 깔끔하구나!"

"항상 배우는 일에 힘쓰는군요!"

"항상 즐겁고 행복해 보여."

"항상 차를 깔끔하게 관리하는 성격이군요!"

"항상 허튼 말을 안 하시는군요."

"행동이 신속해서 좋아!"

"행동이 재빠른걸!"

"행동이 점잖군요."

"호탕한 것이 대장부 중에 대장부야."

외모에 대한 칭찬

"가슴 근육이 정말 멋져요."

"갈수록 멋있어지네."

"갈수록 예뻐지네."

"건강의 비결이 무엇입니까?"

"결혼하시면 분명 2세도 너무 예쁘겠는걸요."

"군살 없이 몸매가 매끈하군!"

"그 옷을 입으니 깜찍하네요!"

"기품이 느껴지네요."

"남성미가 넘치는군요!"

"눈매가 부드러우세요."

"눈부시게 아름다워요."

"눈빛이 강하구나."

"눈에 확 띄는 얼굴이세요."

"눈이 맑고 커서 예쁘구나."

"눈이 초롱초롱해."

"다리가 긴걸."

"다리가 늘씬한걸."

"당신 때문에 여자(남자) 보는 눈만 높아졌다니까요."

"당신 때문에 이 자리가 빛이 나네요."

"덧니가 귀여운걸."

"만화 캐릭터 같아."

"맨얼굴이 화장한 얼굴보다 더 예쁘구나!"

"머리를 기르니 청순해보이네요."

"머리카락을 묶은 모습이 상큼하네요!"

"머릿결이 윤기가 나네요."

"머릿결이 좋구나."

"먹는 모습도 예쁘네."

"멀리서도 한눈에 들어오는구나!"

"멋진 미소야."

"목소리가 아름다워."

"목소리가 좋은걸."

"몸매가 근육질이라서 좋겠다."

"몸매가 섹시하네요!"

"몸이 정말 유연하군요!"

"뭘 입어도 잘 어울리는구나."

"뭘 입어도 폼이 나네."

"미스코리아에 도전해보는 건 어때?"

"반듯한 인상이군!"

"발목이 가는걸."

"보면 볼수록 예쁜 얼굴이야."

"보조개가 매력적이군요."

"복 귀시네요."

"복 있어 보이는 인상이세요."

"분위기가 밝으세요."

"분위기가 시선을 끌어당기시네요."

"빨간색이 잘 어울리시네요. 젊다는 증거세요."

"사진보다 실물이 더 예뻐요."

"사진이 잘 받는 얼굴이군요!"

"살결이 정말 고우시네요."

"살이 빠졌는걸."

"생동감이 넘쳐 보여."

"속눈썹이 길구나."

"손가락이 길구나!"

"손톱이 예쁘구나."

"스타로써의 자질이 있어."

"스타일이 우아하세요."

"신비로운 분위기가 있어요."

"아무리 먹어도 살이 찌지 않는 체질이군요!"

"안경이 잘 어울려."

"양복이 잘 어울려."

"(남성에게) 어깨가 넓군요."

"언제나 좋은 향기가 나는군요."

"얼굴에 고생한 흔적이 안 보이네요."

"얼굴에 화색이 도는군요!"

"얼굴에서 빛이 나는구나."

"얼굴이 꼭 탤런트 같아요."

"얼굴이 예쁘시네요."

"얼굴이 확 폈네!"

"엉덩이가 예쁘구나."

"여성(남성)들이 좋아할 만한 스타일이야."

"연예인이라고 해도 믿겠어요!"

"오늘도 아름답습니다."

"오늘따라 더 멋져 보이는데!"

"오늘은 더 아름답습니다."

"외모가 단정하구나."

"요즘 정말 멋있어 보인다."

"웃는 얼굴이 보기 좋습니다."

"웃으니까 주변이 다 환해지네요."

"이보다 더 아름다울 수는 없어!"

"인기가 많구나."

"인상이 좋으시네요."

"입매가 매력적이야."

"잘 웃어서 보기 좋아."

"재색을 겸비하고 계시군요."

"저 사람보다 ~ 씨가 훨씬 젊고 힘이 넘쳐 보이는걸요!"

"젊어 보이시네요."
"정말 귀여운걸."
"정말 미남이야."
"정말 예뻐졌네."
"정말 젊고 아름다우십니다."
"제 이상형입니다."
"조금 살이 빠진 것 같으세요."
"조화가 잘 된 얼굴이네요."
"주름이 없으시네요."
"참 건강해 보여."
"참 남성미가 넘쳐."
"참 몸놀림이 가벼워 보이네요."
"참 미인이야."
"참 얼굴이 작으시네요."
"청순해 보이는군요!"
"체격이 다부지세요."
"체격이 좋으시네요."
"치마가 예쁘네."
"치아가 참 예쁘시네요."
"캐리어우먼 같아요."

"턱 선이 날렵한 것이 샤프한걸!"

"턱수염을 멋지게 길렀네."

"팔등신이 따로 없군! 패션모델을 해도 손색이 없겠어!"

"패션모델 같아. 무슨 운동해?"

"편안한 인상이에요."

"표정이 늘 여유로워 보이세요."

"표정이 밝구나."

"품위가 있으시군요."

"풍채가 좋으시네요."

"피부가 맑고 투명해요."

"피부가 뽀얗군요!"

"피부가 좋으시네요."

"피부가 탄력 있구나."

"항상 미소를 잃지 않는 모습이 보기 좋아요."

"항상 아름답습니다."

"헤어스타일이 달라졌네. 잘 어울려."

■ 자신감을 북돋아주는 칭찬

"~ 분야는 반드시 잘할 수 있을 거야."

"~에서는 능력을 발휘할 수 있을 거야."
"거봐, 할 수 있잖아."
"계약을 따내는 비결을 찾았군. 이해가 빠른걸!"
"계획대로 추진해봐. 잘될 것 같아!"
"과연 총명해!"
"그 좋은 방법을 생각해 내다니, 대단해!"
"그것 참 좋은 말이야."
"그래! 그렇게 의욕적으로 하면 돼."
"그래! 네 말이 정답이야!"
"그래, 자네가 하는 말은 항상 일리가 있어."
"그래, 좋은 생각이야."
"내가 여기서 누굴 믿겠어!"
"넌 반드시 꿈을 이뤄낼 거야. 난 믿어!"
"넌 분명 큰 인물이 될 거야."
"너의 말이 옳아."
"너의 목소리에서 자신감이 느껴지는걸!"
"너의 존재는 우리의 희망이야!"
"넌 지금 이 순간에도 주목받고 있어!"
"네가 못하면 누가 이 일을 할 수 있겠어!"
"네가 있어 의지가 돼."

"누가 뭐래도 난 널 지지해."
"다시 이 일을 시작한다고 생각하니 신나지 않아?"
"당당한 모습이 특별해 보여."
"당신에게 불가능이란 없어요!"
"당신을 보면 절로 힘이 나요."
"대단한 일을 하고 있군요!"
"많이 생각했군요."
"말에 확신이 담겨있는 걸 보니 믿음이 가!"
"배포가 크군!"
"실력이 금세 나오겠는걸!"
"실수 없이 일을 마쳤군!"
"어떤 일이든 주저하지 않는군!"
"언제나 당당한 모습이 최고야!"
"역시 배짱이 좋아!"
"역시 생각이 깊구나."
"오늘 컨디션이 최고인 것 같은데."
"오늘도 활기가 넘치는군!"
"요즘 잘 나가는걸? 좋아 보여."
"의욕이 넘쳐 보여."
"이 일에 딱 맞는 적임자겠어!"

"자네 상사가 된 보람을 느끼네."
"자네는 꼭 성공할 수밖에 없어."
"자네는 분명히 꼭 한 자리 할 사람이야."
"자네는 실패해도 절대 무너질 사람이 아냐!"
"자네는 우리의 기대주야."
"자네의 뚝심 하나는 내가 인정해."
"잘 알고 있군! 바로 그거야!"
"지금은 이 일이 서툴지만, 이제 곧 잘하게 될 거야."
"충분히 할 수 있어. 지금처럼만 해."
"컨디션이 좋아 보이는걸!"
"한번 도전해봐!"
"할 수 있어. 괜찮아. 반드시 실적이 오를 거야."
"항상 힘이 넘치시네요."
"A는 좀 부족하지만, B에는 자네만의 장점이 잘 발휘되어 있어 좋아."

■ 취미·특기에 대한 칭찬

"골프가 싱글 수준이시라면서요? 꼭 한 수 가르쳐주세요."
"기계 다루는 일을 좋아하는군요!"

"대단한 요리 솜씨야. 집에서도 또 생각나겠는걸!"
"독서가 습관이시군요!"
"문장 표현이 리듬감이 있다."
"문장 표현이 아름답다."
"문장이 참 깔끔하네."
"붓글씨를 참 잘 쓴다면서요?"
"성량이 풍부하네."
"스웨터를 직접 짜셨어요? 정말 예쁘네요."
"언제 이런 것까지 배웠어? 대단하네."
"요리를 잘할 것 같아."
"운동 신경이 좋을 것 같아."
"음악에 소질이 있구나!"
"음악적 재능을 타고났나 봐요."
"여행을 즐기는 모습이 참 보기 좋아요."
"영어를 아주 잘하시는군요!"
"영화광이시군요!"
"와~ 노래 잘하네!"
"음정이 확실하네."
"재미있는 걸 많이 알고 계시는군요!"
"조금만 더 연습하면 전문가가 되겠어."

233

"지금부터라도 자네의 그 멋진 특기를 살려봐."
"책 읽는 것을 좋아하니, 글도 한 번 써보는 게 어때?"
"춤을 잘 추는구나!"
"취미 생활이 너에게 활력을 불어넣어주는구나."
"취미 생활이 독특하군요!"
"취미가 고상하시군요!"

■ 그 외의 칭찬

"강아지가 정말 예쁘네요."
"맛있는 식당을 많이 아시는군요!"
"발음이 분명해서 알아듣기 좋네요."
"보기 드물게 ~하시네요."
"복스럽게 먹는 모습이 보기 좋아."
"식성이 좋으시군요!"
"신앙심이 깊으시네요."
"인생을 멋지게 사는구나!"
"입은 거칠지만 자네는 좋은 사람이라는 거 내가 알아."
"잘 먹는 모습이 보기 좋아."
"화제가 풍부하구나."

◆ 지은이

혼마 마사토 (本間正人)

도쿄(東京)대학 문학부를 졸업했으며, 미네소타대학 박사과정을 수료했다. 미네소타 주정부 무역국, 마쓰시타 정치경제학원, NHK 교육TV '실천 비즈니스 영어회화' 강사 등을 역임하며, '교육학'을 넘어선 '학습학'을 제창했다. 현재, NPO법인 학습학회 대표이사, 데츠카야마가쿠인(帝塚山學院)대학 객원교수, LCA대학원대학 객원교수를 겸임하고 있다. 또한 '연수강사 양성학원'을 창설했고, 자신이 직접 강연을 하기도 한다. 국제코치연맹(ICF) 프로패셔널 인정 코치이자 NPO법인 일본코치협회 이사이기도 하다.

주요 저서로는 『사람을 성장시키는 질책의 기술』『성공하는 사람은 1주일을 168시간이라 생각한다』『적재적소의 법칙』『입문 비즈니스 코칭』『코칭에 강해지는 책』『플레잉 매니저』『입문 캡틴쉽』『코칭 하루 한 문장』『칭찬 워크북』『칭찬 핸드북 (가족·지인 편)』『애교력』 등이 있다.

유카와 교코 (祐川京子)

다이이치(第一)생명에서 10여 년간 근무했으며, 사무직과 법인 영업직을 거쳐 영업기술을 가르치는 연수강사로 활동했다. 현재, (주)선브릿지 투자사업부의 책임자이자 벤처 캐피탈리스트로 활동 중이며, 직장인을 대상으로 목표설정 및 관리를 주제로 강연과 연수를 진행하는 인기강사이기도 하다.

주요 저서로는 『칭찬 워크북』『칭찬 핸드북 (가족·지인 편)』『애교력』『꿈은 선언하면 이루어진다』 등이 있다.

◆ 옮긴이 김문정

이화여자대학교를 졸업했으며, 한양대학교 국제학대학원 일본학과, 이화여자대학교 통역번역대학원 한일과를 졸업했다. 현재 시나리오 번역, 매뉴얼 번역, 서적 번역 등 번역 전문 프리랜서로 활동 중이다.

주요 역서로는 『생주스 다이어트건강법』『30대, 무엇을 어떻게 할 것인가』『40대, 무엇을 어떻게 할 것인가』『하루 10분 스트레칭으로 군살 없는 몸매 만들기』『동아시아공동체』『꿈을 이루어주는 코끼리』 등이 있다.

사람을 사로잡는 칭찬 핸드북

1판 1쇄 인쇄 2009년 7월 10일
    2쇄 발행 2009년 9월 10일

지은이 혼마 마사토 · 유카와 교코
옮긴이 김문정
펴낸이 이종근

기획 은영미
편집 이양이
영업 최석진 · 안수정
관리 김완기

펴낸곳 나라원
등록 1988. 4. 25 (제300-1988-64호)
주소 서울 종로구 창신1동 197-16 (우:110-840)
전화 744-8411(대표) 744-7008~9(편집부)
팩스 745-4399
홈페이지 www.narawon.co.kr
이메일 narawon@narawon.co.kr

ISBN 978-89-7034-099-9 13320

※잘못 만들어진 책은 구입처에서 교환해드립니다.